Genial saisonal!

Leckere Rezepte für jede Jahreszeit
von TV- und Sternekoch Andi Schweiger

Liebe Leserinnen und Leser,

ich freue mich riesig, dass ihr euch für dieses Kochbuch entschieden habt!

Immer mehr Menschen legen Wert auf eine gesunde und ausgewogene Ernährung. Und wenn auch ihr Lust auf kreative Rezeptideen verspürt und zu jeder Saison gern wissen würdet, aus welchen Zutaten sich genau jetzt etwas Tolles zaubern ließe, dann fangt an zu blättern.

Zusammen mit WW habe ich saisonale Gerichte entwickelt, die nicht nur super lecker, sondern auch raffiniert und ganz einfach nachzukochen sind. So ist dieses Kochbuch entstanden - ein ganzjähriger Begleiter für alle, die zu jeder Jahreszeit Spaß an einer frischen, modernen und ausgefallenen Küche haben. Hinzu kommen technische Tipps und Hintergrundinformationen, damit euch die Arbeit in der Küche noch leichter von der Hand geht.

Also keine Scheu und ran an den Herd! Ich verspreche euch: Es ist gar nicht so schwer, ein saisonales Gericht mit dem gewissen Etwas zu kochen.

Viel Spaß beim Ausprobieren und Nachkochen wünscht euch euer

Inhalt

Rezeptinfos

**SmartPoints Wert
pro Person / Glas / Stück**

 vegetarisch

 vegan

 glutenfrei

 laktosefrei

 nussfrei

Die Kennzeichnung wie zum Beispiel „vegetarisch", „vegan", „gluten-", „laktose-" oder „nussfrei" bei den Rezepten ist rein informativ und nicht verbindlich. Es liegt in der persönlichen Verantwortung zu prüfen, ob die verwendeten Lebensmittel die Anforderungen erfüllen.

QR-Code scannen und Kochvideos entdecken.

Dürfen wir vorstellen?

Andi Schweiger – TV- und Sternekoch, bekennender Genießer, Inhaber einer Kochschule und, wie wir finden, ein richtig cooler Typ.

Wer als Teenager seine Karriere gleich unter Sterneköchen ins Rollen bringt und mit Anfang 40 längst selbst einer von ihnen ist, muss irgendetwas richtig gemacht haben – oder auch etwas mehr. Das ist auch an uns bei WW nicht vorbeigegangen. Und da Andi WW kennt und Gefallen am Konzept sowie an den vielseitigen Rezepten gefunden hatte, haben wir kurzum gemeinsame Sache gemacht.

Herausgekommen ist ein einzigartiges Kochbuch, das wir in dieser Form noch nie zu bieten hatten. Schließlich können selbst wir nicht mit der Erfahrung aufwarten, die Andi im Laufe seiner Karriere in diversen Sternehäusern, seinem eigenen Restaurant und der in Eigenregie geführten Kochschule in München sammeln konnte. Was wir aber können, ist davon eine große Scheibe abschneiden und – noch viel wichtiger – probieren!

In seiner Küche kocht Andi ganz unkonventionell und verwendet am liebsten qualitativ hochwertige Produkte der Saison, von denen er genau weiß, wo sie herkommen.

„Ich kann durchaus auch ganz einfache Gerichte genießen. Dann ist mir aber wichtig, woher das Ei, Fleisch oder die Kartoffel stammt."

Schließlich setzt er sich seit Jahren für die Aufklärung in Sachen Produktqualität und gesunde Ernährung ein. In diesem Buch liefern wir nicht nur tolle saisonale Rezepte, sondern auch etwas Warenkunde gleich mit dazu. „Fleisch zum Beispiel hole ich mir am liebsten bei Menschen, die sich Gedanken machen", erklärt Andi. „Wie leben die Tiere? Was fressen sie? Wie wird das Produkt verarbeitet?" – sind Fragen, die er für sich beantworten will.

Mit seinen kreativen Kochideen setzt er ständig neue Trends. Kein Wunder, dass nicht nur wir auf ihn aufmerksam geworden sind, sondern auch die TV-Branche, wo er angeschlagenen Restaurants mit seinem Know-how wieder auf die Sprünge hilft.

Auf die Frage, für wen er am liebsten kocht, antwortet Andi übrigens „meine Frau". Dass die Liebe

hier durch den Magen geht, ist klar. Denn auch Franzi Schweiger, mit der er das gemeinsame Restaurant Schweiger² führte und unter selbigem Namen auch die Kochschule und Eventlocation leitet, ist ein echter Profi und bekannt für ihr Spezialgebiet, die Konfiserie.

Viel Zeit bleibt den beiden für Zweisamkeit jedoch nicht. Aber wenn – dann kann es zum Sound von AC/DC, Metallica oder Rammstein schon mal rockig zugehen. Dann mögen die zwei auch ganz schnörkellose Gerichte wie den wilden Sommersalat mit Tandoori-Hähnchen (S. 60). „Gerade zu Hause bin ich zu einem richtigen Kräuterkoch geworden", berichtet Andi Schweiger. Ein großer Garten mit selbst angebautem Obst, Gemüse und einer Vielzahl an Kräutern ist sein ganz privates Paradies. Blüten und Blätter anschauen, schnuppern, durchschnaufen.

„Gutes Essen ist für mich frisch."

Frisch, gesund, saisonal, modern – so ist die Küche von Andi Schweiger. Der Sterne- und TV-Koch hat uns bei WW den Kopf verdreht. Wir lieben seine authentischen und kreativen Gerichte, die zu jeder Gelegenheit auf den Tisch passen, und sind einfach nur happy, dass wir zueinander gefunden haben. Und das kam so …

WW + Andi = Perfect Match

In seiner Kochschule Schweiger² in München wurde Andi auf WW aufmerksam. Eine WW Teilnehmerin war auch Teilnehmerin seines Kochkurses. „Sie fragte mich nach leichteren Alternativen für bestimmte Zutaten und Zubereitungen", erinnert sich der Profi. „Da wurde ich hellhörig." Als wenig später bei einem Kochevent durch Zufall auch noch der direkte Kontakt zu WW zustande kam, war der Fall klar: WW und Andi, das passt.

Hoher Anspruch an Lebensmittel und Ernährung

Schließlich haben WW und Andi auch dieselben Ansprüche an ein gutes Gericht: Die Verwendung naturbelassener, frischer Lebensmittel ist für beide zum Beispiel selbstverständlich.

Herzensprojekt Kochschule

Mit nur 17 Jahren stand Andi zum ersten Mal mit Sterneköchen an einem Herd. 16 Jahre später hat er in seinem Restaurant Schweiger² einen eigenen Michelin-Stern erhalten. Sein daraus entstandenes Herzensprojekt: eine eigene Kochschule mitten in München.

Auch hat Andi nicht nur Ahnung vom Kochen, sondern ebenso von einer gesunden und ausgewogenen Ernährung – zu jeder Saison. Genau wie WW kommt es ihm aber nicht allein darauf an. „Mir ist insgesamt an einem ausgewogenen Lebensstil gelegen", so Andi. Daher geht für ihn auch ohne Sport nichts und seine Lieblingszutat bei allem, was er tut, ist der Spaß an der Sache – auch deshalb passt er so perfekt zu uns.

Inspiration für jede Jahreszeit

Wir bei WW lieben jede Jahreszeit für ihre besonderen Anlässe, Zutaten und Genüsse. Und weil es Andi ganz genauso geht, haben wir es uns gemeinsam zum Ziel gesetzt, die prägnantesten Merkmale jeder Saison in vielseitigen Gerichten erlebbar zu machen. Herausgekommen ist eine in jeder Hinsicht frische Sammlung inspirierender Rezepte für jede Jahreszeit.

Du magst es gesund, leicht und zugleich richtig lecker? Dann findest du hier garantiert das Passende für deinen Geschmack. Stets dabei: das gewisse Etwas, das aus einem tollen WW Gericht ein tolles WW Gericht „made by Andi Schweiger" macht.

Qualität ist dabei das Zauberwort, denn jedes Essen kann laut Andi nur so gut sein wie die Zutaten dahinter. Er selbst liebt es, auf dem Wochenmarkt oder im Bio-Supermarkt einzukaufen und legt Wert darauf, die Hersteller der von ihm verwendeten Produkte zu kennen.

Genial saisonal!

Dieses Kochbuch ist dein ganzjähriger Begleiter, wenn du Lust auf saisonale Küche hast, die zugleich bodenständig und mit dem gewissen Etwas daherkommt. In vier Kapiteln „Frühling", „Sommer", „Herbst" und „Winter" zeigen wir dir zu jeder Jahreszeit das Beste auf, was sie in Sachen Lebensmitteln zu bieten hat. Das Besondere: Neben vielseitigen Rezepten für jede Gelegenheit haben wir auch jede Menge Informationen rund um die spannendsten Zutaten und Produkte zusammengestellt, die genau diese Saison so einzigartig machen. Und weil Andi eben ein echter Profi ist, gibt er darüber hinaus auch zahlreiche technische Tipps, damit die Arbeit in der Küche leichter von der Hand geht.

Das Jahr hat so viele Facetten. Wir liefern dir das Kochbuch, um sie in vollen Zügen genießen zu können – gesund, alltagstauglich und ganz einfach nachzukochen.

Ausprobieren und mhmm … schlemmen!

1 Programm,
3 Wege, es zu leben

mein WW®

Durch WW hat Andi Spaß an der Entwicklung leichter Rezepte mit dem gewissen Etwas gefunden. „Als ich die riesige Auswahl der ZeroPoint™ Lebensmittel gesehen habe und mir klar wurde, dass bei WW im Grunde alles erlaubt ist, stand den Rezepten für dieses Buch nichts mehr im Wege", sagt Andi. „Und weil sich das neue Programm, *meinWW™*, individualisieren lässt, findet sicher jeder die richtige Auswahl an Zutaten für seinen Geschmack."

Die Grundlage des Programms bildet ein Ernährungskonzept, das auf ernährungswissenschaftlichen Erkenntnissen basiert. So bekommt dein Körper alles, was er braucht. Zusätzlich bekommst

du Verhaltensstrategien an die Hand, die dir dabei helfen, gesunde Gewohnheiten zu entwickeln. Egal, ob es um gesündere Ernährung, einen aktiveren Lebensstil oder darum geht, deine Einstellung positiv zu verändern: Du setzt dir kleine, leicht erreichbare Ziele, die du nach und nach in deinen Alltag integrierst. Denn bei uns geht es um mehr als nur Abnehmen – es geht um langfristigen Erfolg.

Es gibt 3 Wege, mit *meinWW™* abzunehmen. Die 3 Pläne unterscheiden sich in der Anzahl der ZeroPoint™ Lebensmittel und der Höhe der täglichen SmartPoints®. Egal, ob du dich für Grün, Blau oder Lila entscheidest: Du kannst weiterhin alle Lebensmittel genießen, die du gerne magst.

Grüner Plan

100+ ZeroPoint™ Foods:

Obst und Gemüse

Mindestens 30 tägliche SmartPoints®

Blauer Plan

200+ ZeroPoint™ Foods:

Obst, Gemüse und eiweißreiche Lebensmittel wie Geflügel, Fisch, Eier, Quark, Hülsenfrüchte oder Tofu

Mindestens 23 tägliche SmartPoints®

Lila Plan

300+ ZeroPoint™ Foods:

Obst, Gemüse, eiweißreiche Lebensmittel sowie Kartoffeln und ausgewählte Vollkornprodukte

Mindestens 16 tägliche SmartPoints®

SmartPoints®

Die Basis bildet unser SmartPoints® System, das komplexe Ernährungsinformationen zu einer einfachen Zahl zusammenfasst: dem SmartPoints® Wert. Dein SmartPoints® Budget wird individuell für dich berechnet. Es besteht aus täglichen und wöchentlichen SmartPoints® und basiert auf Alter, Gewicht, Größe und Geschlecht. Wenn du dich an dein SmartPoints® Budget hältst, nimmst du ab, und zwar bis zu 1 Kilo pro Woche.

ZeroPoint™ Foods

ZeroPoint™ Lebensmittel haben 0 SmartPoints®. Warum? Weil diese Lebensmittel die Grundlage für eine gesunde Ernährung bilden und wir dich darin bestärken möchten, hier öfter zuzugreifen. 0 Punkte Lebensmittel musst du weder wiegen, noch abmessen, zählen oder aufschreiben – und du nimmst dabei trotzdem ab. Seit Einführung der ZeroPoint™ Lebensmittel sind unsere Teilnehmer sogar noch erfolgreicher*. Lass dich überraschen, wie vielfältig und abwechslungsreich Kochen mit den 0 Punkte Lebensmitteln sein kann. Genieß es und gönne dir mehr Flexibilität und Freiheit im Alltag!

*Six-month pre-post study conducted by the University of North Carolina funded by WW. Weight data reported by trial participants after 6 months on WW Freestyle.

Frühling

Es duftet nach ... Frühling!

Wir bei WW lieben diese Zeit, wenn endlich wieder Spargelstangen geschält, Erdbeeren gepflückt oder Rhabarber und Kohlrabi geerntet werden. Ein Marktbesuch ist jetzt bunt und beflügelnd. Da kauft auch Andi wieder am liebsten bei den Bauern der Region unter freiem Himmel – Knollensellerie, Radieschen oder Brunnenkresse zum Beispiel. Entsprechend „fresh" ging es in unserer WW Küche zu, als wir mit ihm zusammen alles unter die Lupe genommen haben, was die Saison zu bieten hat.

„Grüne Spargelstangen gibt es bei mir – auch wenn sie ganzjährig im Regal liegen – zum Beispiel wirklich nur im Frühjahr. Roh, fein geschnitten und mariniert oder gebraten sind sie für viele Frühlingsgerichte eine tolle Zutat oder Beilage", weiß Andi. Unsere gemeinsame Empfehlung: Gegrillte Putenbrust mit Spargelpfanne. Super lecker und natürlich in diesem Buch zum Nachkochen zu finden (S. 22).

„Jahr für Jahr warte ich regelrecht darauf, meine liebsten Produkte wieder vor Ort kaufen und frisch verarbeiten zu können", berichtet der Profi weiter. „Da läuft ohne Erdbeeren natürlich auch bei mir nichts." Kein Wunder – die roten Powerfrüchte lassen sich vielseitig verwenden und sind mit ihrer kräftigen Farbe ein echter Hingucker auf dem Teller, zum Beispiel in unserem „Estragon-Granité mit marinierten Erdbeeren" (S. 46). Aber auch seine Liebe zu Kräutern kann Andi im Frühjahr so richtig ausleben. Gut, dass er einen großen Garten hat, denn da ist zu dieser Jahreszeit ganz schön was los. „Von Schnittlauch über Bärlauch bis hin zu Pimpernelle und Kerbel reiht sich hier aneinander, was das Beet und mein eigentlich nicht allzu grüner Daumen hergibt", berichtet er. „Ich lasse mich dann auch mal ganz spontan von den Aromen inspirieren."

Wie wäre es mit der „Gartenkräutersuppe mit Hafermilch" (S. 41) aus diesem Buch? Dank einer bunten Mischung verschiedener Kräuter löst sie eine richtige Geschmacksexplosion aus und ist sowohl als Starter oder gegen den kleinen Hunger geeignet. Alternativ wird das „Carne Cruda mit grünem Spargel" (S. 26) abschließend mit grob gehacktem Kerbel verfeinert. Bei der „Lachsforelle mit Gurkenspaghetti und Drillingen" (S. 42) ist das Küchenkraut Pimpernelle im Einsatz und das „Bärlauchrührei mit Frischkäsetopping" (S. 38) bekommt erst durch die Beigabe der mit Knoblauch verwandten Pflanzenart den richtigen Touch.

Jede Menge weitere Rezeptideen hat Andi für uns mit seinem einzigartigen Stil geprägt. Also auf die Plätze, fertig, Frühling – hier kommt unser Andi Schweiger Frühlingsfood vom Feinsten!

Kleine Frühlingskräuterkunde

„Es gibt unzählige Kräuter, die im Frühling aus einem gewöhnlichen Gericht ein echtes Geschmackshighlight machen können", weiß Andi Schweiger aus Erfahrung. Drei davon hat er für uns zusammengestellt.

Bärlauch

Die zarten Frühjahrsboten sammelt Andi am liebsten selbst im Wald. Beim Reiben der Blätter verströmt das Kraut ein wunderbar knoblauchwürziges Aroma. Für ihn ein absoluter Hochgenuss – zum Beispiel in Kräuterquark, Pesto und Salat oder in brauner Butter angedünstet.

Estragon

Für viele Saucen und auch Käsegerichte ist Estragon ein beinah unverzichtbarer Begleiter. Feinwürzig und leicht bittersüß im Geschmack riecht er wie eine Mischung aus Waldmeister und Anis. Ein Erlebnis für alle Sinne!

Kerbel

Nicht ohne Grund wird Kerbel auch als Suppenkraut oder Küchenkerbel bezeichnet. Die Pflanzenart eignet sich nämlich hervorragend zum Verfeinern von Suppen und Saucen. Aber auch Fisch-, Fleisch- und Gemüsegerichte profitieren von dem pikanten Aroma.

Grüner Salat mit weißem Spargel und Kratzede

Für 4 Personen   **Zubereitungszeit 25 Min.**   **Garzeit 25 Min.**

1209 kJ | 289 kcal

4 Bio-Eier (Größe M)
1 kg weißer Spargel
1 kleiner Kopfsalat
3 Radieschen
2 Frühlingszwiebeln
2 Stängel Estragon
3 Stängel Bärlauch
2 kleine Schalotten
3 TL Olivenöl
2 EL Weißweinessig
Salz, Pfeffer
100 g Mehl
125 ml entrahmte Milch

1 2 Eier in kochendem Wasser 8–10 Minuten hart kochen, abschrecken, pellen und in Würfel schneiden. Spargel schälen und die holzigen Enden abschneiden. Salat waschen, trocken schleudern und in mundgerechte Stücke zerteilen. Radieschen waschen und in Scheiben hobeln. Frühlingszwiebeln waschen und in Ringe schneiden. Estragon und Bärlauch waschen, trocken schütteln und hacken. Schalotten schälen und würfeln.

2 Für die Vinaigrette 2 TL Öl, Essig, Bärlauch, Salz und Pfeffer vermischen. Spargel ca. 10 Minuten in Salzwasser garen, abgießen und noch warm mit Vinaigrette vermischen.

3 Für die Kratzede restliche Eier mit Mehl, Milch und Salz verrühren. Radieschen, Frühlingszwiebeln, Estragon, Schalotten und Eiwürfel zufügen. Restliches Öl in einer Pfanne auf mittlerer Stufe erhitzen, Teig hineingeben und darin 10–12 Minuten braten. Kratzede in der Pfanne wenden, in Stücke zerteilen und weitere ca. 5 Minuten braten. Grünen Salat mit weißem Spargel und Kratzede servieren.

Gewusst?

Kratzede wird wie ein Kaiserschmarrn zubereitet und ist eine badische Beilage, die klassisch zu Spargel serviert wird.

Haltbarkeit

Der Vorteil: Man kann den gegarten Spargel 2–3 Tage in der Vinaigrette lagern.

Lammschmortopf
mit Brotchips und Quark

Für 6 Personen   Zubereitungszeit 25 Min.   Garzeit 60 Min.

1883 kJ | 450 kcal

4 Karotten
1 großer Knollensellerie
1 Fenchelknolle
1 Stange Lauch
2 Knoblauchzehen
1 kg Lammkeule
2 TL Olivenöl
1 EL Tomatenmark
500 ml Gemüsefond
150 ml trockener Weißwein
grobes Salz, Pfeffer
1 Prise gemahlener Safran
1 TL gemahlener Koriander
1 Sternanis
100 g Roggenbrot
300 g Magerquark
1 EL gehackte Petersilie

1   Karotten mit Sellerie schälen und in Stücke schneiden. Fenchel waschen, halbieren, den Strunk entfernen und Fenchel in Streifen schneiden. Lauch waschen und in Ringe schneiden. Knoblauch fein hacken. Lammkeule abspülen und trocken tupfen.

2   1 TL Öl in einem Topf auf mittlerer bis hoher Stufe erhitzen, Lammkeule darin ca. 8 Minuten rundherum anbraten und herausnehmen. Fenchel, Lauch, die Hälfte des Knoblauchs, Karotten und Sellerie mit Tomatenmark im Bratensatz ca. 5 Minuten anbraten. Mit Fond und Wein ablöschen, mit Salz und Pfeffer würzen und mit Safran, Koriander und Sternanis verfeinern. Lammkeule dazugeben und auf mittlerer Stufe mit Deckel ca. 45 Minuten schmoren. Sternanis entfernen.

3   Backofen auf 160° C (Gas: Stufe 1, Umluft: 140° C) vorheizen. Brot in kleine Stücke schneiden, mit restlichem Öl und Salz mischen, auf einem mit Backpapier ausgelegten Backblech verteilen und im Backofen auf mittlerer Schiene ca. 30 Minuten backen. Restlichen Knoblauch mit Quark, 1 TL Petersilie, Salz und Pfeffer verrühren. Lammschmortopf mit Salz und Pfeffer abschmecken, mit restlicher Petersilie bestreuen und mit Brotchips und Quark servieren.

Gut verwertet

Für die Brotchips kannst du ruhig etwas älteres Brot verwenden. So lässt es sich besser in kleine Stücke schneiden und die Chips werden noch knuspriger.

Rindertatar
mit Avocado und Bratpaprika

Für 2 Personen   **Zubereitungszeit 25 Min.**   **Garzeit 5 Min.**   **Kühlzeit 10 Min.**

1276 kJ | 305 kcal

200 g Rinderfilet
1/2 unbehandelte Zitrone
3 TL Olivenöl
Meersalz, grober Pfeffer
60 g Avocadofruchtfleisch
1 Gewürzgurke
6 eingelegte Jalapeñoringe
ohne Öl
150 g Baby-Blattspinat
1 Knoblauchzehe
1 EL gehackte Petersilie
10 grüne Bratpaprika
1/2 rote Chilischote

1 Rinderfilet trocken tupfen und fein hacken. 1 TL Zitronenschale abreiben und Zitronenhälfte auspressen. Tatar mit Zitronenschale, 2 TL Öl und Salz mischen und ca. 10 Minuten kalt stellen. Avocadofruchtfleisch in Spalten schneiden. Gewürzgurke mit Jalapeñoringen fein hacken, mit Salz und Pfeffer würzen und mit der Hälfte des Zitronensafts verfeinern.

2 Spinat waschen und trocken schleudern. Knoblauch hacken. Restliches Öl in einer Pfanne auf mittlerer Stufe erhitzen und Knoblauch mit Spinat darin 1–2 Minuten anbraten. Mit Salz und Pfeffer würzen und mit Petersilie verfeinern.

3 Bratpaprika waschen, Deckel abschneiden, entkernen und Spinatmischung einfüllen. Eine Grillpfanne auf hoher Stufe erhitzen und Bratpaprika fettfrei darin 2–3 Minuten rundherum braten. Chilischote waschen, entkernen und in feine Ringe schneiden.

4 Tatar, Avocadospalten, Gurken-Jalapeño-Mischung und Bratpaprika auf Tellern anrichten. Avocadospalten mit restlichem Zitronensaft beträufeln, mit Salz und Pfeffer abschmecken und Rindertatar mit Chiliringen bestreut servieren.

Für Gäste
Dieses Gericht lässt sich auch toll in einem
Glas anrichten und bei einer Party servieren.

Koriander-Thunfisch mit scharfem Salat

Für 4 Personen   Zubereitungszeit 25 Min.   Garzeit 5 Min.

1023 kJ | 244 kcal

1 Bund Radieschen
2 Schalotten
100 g Rucola
1/2 Bund Koriander
1 Stück Ingwer (ca. 2 cm)
3 TL Olivenöl
2 EL dunkler Balsamicoessig
4 EL Sojasauce
1 TL Wasabipaste
Salz, Pfeffer
2 EL Koriandersaat
4 Thunfischfilets (à 125 g)

1   Radieschen waschen und in Scheiben hobeln. Schalotten schälen und in feine Ringe schneiden. Rucola waschen und trocken schleudern. Koriander waschen, trocken schütteln und grob hacken.

2   Für das Dressing Ingwer schälen, fein reiben und mit 2 TL Öl, Essig, Sojasauce und Wasabi verrühren. Dressing mit Radieschen, Schalotten, Rucola und Koriander mischen und mit Salz und Pfeffer abschmecken.

3   Koriandersaat in einem Mörser zerstoßen. Thunfischfilets abspülen, trocken tupfen und in Koriandersaat wenden. Restliches Öl in einer Pfanne auf mittlerer Stufe erhitzen, Thunfischfilets darin ca. 2 Minuten von jeder Seite braten und mit Salz und Pfeffer würzen. Koriander-Thunfisch mit Salat servieren.

Richtig frisch!

Achte beim Fisch auf Sushi-Qualität. Frischen Fisch erkennst du an klaren Augen, roten Kiemen und festem Fleisch. Und: Es riecht nicht nach Fisch.

Gegrillte Putenbrust mit Spargelpfanne

Für 2 Personen   Zubereitungszeit 15 Min.   Garzeit 10 Min.

1906 kJ | 456 kcal

**je 300 g grüner und weißer
Spargel
200 g Morcheln
1 Schalotte
90 g trockene Orecchiette
Salz, Pfeffer
2 Putenschnitzel (à 150 g)
1 TL Olivenöl
2 TL Butter
1 EL gehackte Petersilie**

1 Grünen Spargel waschen, das untere Drittel schälen und Spargel in Stücke schneiden. Weißen Spargel schälen, die holzigen Enden abschneiden und Spargel in Stücke schneiden. Morcheln trocken abreiben und gegebenenfalls in Stücke schneiden. Schalotte schälen und fein würfeln.

2 Nudeln nach Packungsanweisung in Salzwasser garen. Putenschnitzel abspülen und trocken tupfen. Öl in einer Grillpfanne auf mittlerer bis hoher Stufe erhitzen, Putenschnitzel darin 2–3 Minuten von jeder Seite braten und mit Salz und Pfeffer würzen.

3 1 TL Butter in einer Pfanne auf mittlerer Stufe erhitzen und Spargelstücke darin ca. 3 Minuten braten. Morcheln und Schalotten dazugeben, ca. 5 Minuten mitbraten und mit Petersilie verfeinern. Nudeln abgießen, mit restlicher Butter verfeinern und mit Salz und Pfeffer würzen. Gegrillte Putenbrust mit Spargelpfanne und Orecchiette servieren.

Ausgetauscht

Sollten dir die Morcheln zu teuer sein, kannst du sie auch durch andere Pilze ersetzen, z. B. Kräuterseitlinge, Champignons oder Shiitake-Pilze.

Brunnenkressesüppchen mit Broccoli-Bauern-Brot

Für 4 Personen **Zubereitungszeit 20 Min.** **Garzeit 25 Min.** **Marinierzeit 20 Min.**

855 kJ | 204 kcal

1 Zwiebel
200 g Knollensellerie
1 kleine Stange Lauch
1 kleine Fenchelknolle
1 Knoblauchzehe
2 Handvoll Brunnenkresse
200 g Broccoliröschen
1/2 unbehandelte Zitrone
2 TL Olivenöl
Salz, Pfeffer
900 ml Gemüsefond
4 Scheiben Bauernbrot
2 EL Frischkäse,
   bis 5 % Fett absolut

1 Zwiebel mit Sellerie schälen und würfeln. Lauch waschen und in Ringe schneiden. Fenchel waschen, halbieren, den Strunk entfernen und Fenchel in Stücke schneiden. Knoblauch fein hacken. Brunnenkresse waschen und trocken schleudern. Broccoliröschen waschen und in sehr dünne Scheiben hobeln.

2 1 TL Zitronenschale abreiben und Zitronenhälfte auspressen. Broccoli mit Zitronensaft, -schale, 1 TL Öl und Salz vermischen und ca. 20 Minuten marinieren.

3 Restliches Öl in einem Topf auf mittlerer Stufe erhitzen und Zwiebeln, Sellerie, Lauch, Fenchel und Knoblauch darin ca. 3 Minuten andünsten. Mit Fond ablöschen und ca. 20 Minuten köcheln lassen.

4 Drei Viertel der Brunnenkresse dazugeben, Suppe fein pürieren und mit Salz und Pfeffer abschmecken. Bauernbrot rösten, mit Frischkäse bestreichen, marinierten Broccoli daraufgeben und mit Salz und Pfeffer würzen. Brunnenkressesüppchen mit restlicher Brunnenkresse bestreuen und mit Broccoli-Bauern-Brot servieren.

Ausgetauscht

Selbstverständlich kannst du die Brunnenkresse auch durch Kapuzinerkresse, Borretsch oder andere Kräuter ersetzen. Taste dich an die Menge heran, da einige Kräuter einen sehr intensiven Geschmack haben.

Carne Cruda mit grünem Spargel

Für 4 Personen   Zubereitungszeit 20 Min.   Garzeit 5 Min.

464 kJ | 111 kcal

400 g grüner Spargel
1/2 Bund Radieschen
1/2 unbehandelte Zitrone
3 TL Olivenöl
Meersalz, grober Pfeffer
200 g Kalbsschnitzel
2 Stängel Kerbel

1 Spargel waschen, das untere Drittel schälen und Spargel längs halbieren. Radieschen waschen und in feine Scheiben hobeln. Zitronenschale abreiben und Zitronenhälfte auspressen.

2 1 TL Öl in einer Pfanne auf mittlerer Stufe erhitzen, Spargel darin 2–3 Minuten anbraten, mit der Hälfte des Zitronensaftes ablöschen und mit Salz und Pfeffer würzen.

3 Kalbsschnitzel trocken tupfen, in feine Scheiben schneiden und zwischen Frischhaltefolie flacher klopfen. Restliches Öl mit restlichem Zitronensaft, Salz und Pfeffer verrühren.

4 Kalbfleisch auf Tellern anrichten, mit Ölmischung bepinseln und Spargel, Radieschen und Zitronenschale darauf verteilen. Kerbel waschen, trocken schütteln, Blätter grob abzupfen und über das Fleisch streuen. Carne Cruda mit Salz und Pfeffer abschmecken und servieren.

Schon probiert?

Statt Kalbfleisch kann das Gericht auch mit Rindfleisch zubereitet werden. Du kannst das Fleisch auch fein hacken und als Tatar servieren.

Matjes „Hausmannsart" mit Kartoffelsticks

Für 2 Personen   **Zubereitungszeit 15 Min.**   **Garzeit 10 Min.**

1262 kJ | 302 kcal

2 Schalotten
2 EL Weißweinessig
Salz, Pfeffer
1 Stange Rhabarber
2 TL Puderzucker
150 g festkochende Kartoffeln
1 TL Vadouvan Würzmischung
1 EL Rapsöl
2 Matjesfilets, in Salzlake
2 EL Skyr, Natur

1 Backofen auf 180° C (Gas: Stufe 2, Umluft: 160° C) vorheizen. Schalotten schälen, in feine Ringe schneiden und mit Essig und Salz vermischen. Rhabarber abziehen, fein würfeln und mit Puderzucker mischen. Rhabarberwürfel auf einem mit Backpapier ausgelegten Backblech verteilen und im Backofen auf mittlerer Schiene 4–5 Minuten garen.

2 Kartoffeln schälen und in Stifte schneiden. Vadouvan Würzmischung feiner hacken. Öl in einer Pfanne auf mittlerer Stufe erhitzen, Kartoffelstifte darin 8–10 Minuten rundherum braten und mit Vadouvan bestreuen.

3 Matjes trocken tupfen und mit Rhabarber, Schalotten, Skyr und Kartoffelsticks anrichten. Matjes „Hausmannsart" servieren.

Gewusst?

Vadouvan ist eine indische Gewürzmischung. Da sie sehr grob ist, kannst du sie vor dem Verfeinern von Gerichten fein hacken.

Spinatsalat mit Wachteln und Grünkernrisotto

Für 4 Personen   **Zubereitungszeit 35 Min.**   **Garzeit 40 Min.**

1658 kJ | 396 kcal

2 Schalotten
2 Karotten
1 Zucchini
1 Stange Lauch
4 TL Olivenöl
200 g trockener Grünkern
350 ml heißer Geflügelfond
4 Wachtelbrüste mit Haut (à 35 g)
Salz, Pfeffer
1/2 unbehandelte Zitrone
4 Stängel Petersilie
1/4 Bund Schnittlauch
4 Stängel Kerbel
2 Stängel Bärlauch
1/4 Bund Basilikum
400 g Magerquark
150 g Baby-Blattspinat
2 EL Sherryessig
1 TL Honig
1 TL Senf

1   Schalotten mit Karotten schälen und würfeln. Zucchini waschen und würfeln. Lauch waschen und in Ringe schneiden.

2   1 TL Öl in einem Topf auf mittlerer bis hoher Stufe erhitzen und Schalotten mit Lauch, Karotten und Zucchini darin 3–4 Minuten andünsten. Grünkern dazugeben und ca. 2 Minuten mitdünsten. Mit Fond ablöschen, bis alles knapp bedeckt ist und auf niedriger bis mittlerer Stufe ca. 35 Minuten köcheln lassen, dabei regelmäßig Fond nachgießen.

3   Wachtelbrüste trocken tupfen und mit Salz würzen. 1 TL Öl in einer Pfanne auf mittlerer Stufe erhitzen und Wachtelbrüste darin 4–5 Minuten von jeder Seite braten. Zitronenschale abreiben und Zitronenhälfte auspressen. Kräuter waschen, trocken schütteln, hacken und mit Quark, Zitronensaft, -schale, Salz und Pfeffer verrühren.

4   Spinat waschen und trocken schleudern. Essig, restliches Öl, Honig und Senf verrühren und mit Spinat mischen. Spinatsalat mit Wachtelbrüsten, Grünkernrisotto und Kräuterquark servieren.

Keine Lust auf Salat?
Dann dünste den Spinat einfach mit den Schalotten ca. 30 Sekunden mit.

Asia-Gurken-Kaltschale mit Filetspießen

Für 2 Personen   Zubereitungszeit 20 Min.   Garzeit 5 Min.   Marinierzeit 10 Min.

1275 kJ | 305 kcal

2 Salatgurken
1 Stück Ingwer (ca. 2 cm)
1 kleine rote Chilischote
250 g Rinderfilet
2 EL Sojasauce
1 TL Honig
Salz, Pfeffer
100 g Magerquark
100 g Magermilchjoghurt
2 EL Zitronensaft
1 TL Sesamöl
2 EL gehackter Koriander

1 Gurken schälen, längs halbieren, das Kerngehäuse mit einem Löffel entfernen, Gurken in Stücke schneiden und pürieren. Ingwer schälen und reiben. Chilischote waschen, entkernen und hacken. Rinderfilet trocken tupfen, in Würfel schneiden, mit Sojasauce, Honig, jeweils der Hälfte des Ingwers und der Chilischote, Salz und Pfeffer in einen Gefrierbeutel geben, gut verkneten und im Kühlschrank ca. 10 Minuten marinieren.

2 Gurke mit Quark, Joghurt, restlichem Ingwer und restlicher Chilischote verrühren und mit Zitronensaft, Salz und Pfeffer abschmecken. Rinderfiletwürfel abtropfen lassen und auf 4 Spieße reihen.

3 Öl in einer Pfanne auf hoher Stufe erhitzen und Rinderfilet-spieße darin ca. 4 Minuten rundherum braten. Asia-Gurken-Kaltschale mit Koriander bestreuen und mit Filetspießen servieren.

Heute mal vegetarisch

Auch ein vegetarischer Spieß passt sehr gut zu der Kalt-schale. Einfach Gurken- und Melonenwürfel scharf wür-zen, auf Spieße reihen und mit der Kaltschale servieren.

Garnelen mit zweierlei Blumenkohl und Kapern

Für 2 Personen   **Zubereitungszeit 15 Min.**   **Garzeit 30 Min.**

1612 kJ | 385 kcal

2 Schalotten
400 g küchenfertige Garnelen
4 TL Olivenöl
Salz, Pfeffer
1/2 unbehandelte Zitrone
1 kleiner Blumenkohl
200 ml Gemüsefond
2 TL Kapern

1 Backofen auf 80° C Ober-/Unterhitze (Umluft nicht empfehlenswert) vorheizen. Schalotten schälen und in Ringe schneiden. Garnelen abspülen, trocken tupfen und mit 2 TL Öl und Salz mischen. Garnelen und die Hälfte der Schalotten auf einem mit Backpapier ausgelegten Backblech verteilen und im Backofen auf mittlerer Schiene ca. 25 Minuten garen.

2 Zitronenschale abreiben und Zitronenhälfte auspressen. Blumenkohl waschen und in Röschen teilen. Ein Viertel der Röschen in Scheiben hobeln und mit Zitronensaft, -schale, Salz und Pfeffer mischen.

3 1 TL Öl in einem Topf auf mittlerer Stufe erhitzen und restliche Schalotten darin ca. 2 Minuten andünsten. Restliche Blumenkohlröschen dazugeben, kurz mitdünsten, mit Fond ablöschen und ca. 20 Minuten garen.

4 Restliches Öl in einer Pfanne auf hoher Stufe erhitzen und Kapern darin ca. 2 Minuten braten. Blumenkohlröschen samt Fond fein pürieren und mit Salz und Pfeffer abschmecken. Garnelen mit Salz und Pfeffer abschmecken und mit zweierlei Blumenkohl und Kapern servieren.

Schon probiert?
Die Garnelen können auch in der Schale auf dem Grill gegart werden.

Tagliatelle
mit Lachs und Erbsenpesto

Für 2 Personen   Zubereitungszeit 20 Min.   Garzeit 20 Min.

2283 kJ | 546 kcal

180 g Erbsen (frisch oder TK)
Salz, Pfeffer
1 Knoblauchzehe
2 TL Pinienkerne
1/2 unbehandelte Zitrone
120 g trockene Vollkorn-
    Tagliatelle
2 Stängel Basilikum
1 Msp. geriebene Muskatnuss
1 kleine Zwiebel
250 g Broccoli
1 Frühlingszwiebel
150 g Lachsfilet
1 TL Olivenöl
100 ml Gemüsefond

1 Erbsen gegebenenfalls waschen, in Salzwasser ca. 5 Minuten blanchieren und abgießen. Knoblauch fein hacken. Pinienkerne fettfrei in einer Pfanne auf mittlerer Stufe 2–3 Minuten rösten. Zitronenschale abreiben und Zitronenhälfte auspressen.

2 Nudeln nach Packungsanweisung in Salzwasser garen. Für das Pesto Basilikum waschen, trocken schütteln und mit 1 TL Pinienkernen, Erbsen, Zitronensaft, Knoblauch, Muskatnuss, Salz und Pfeffer fein pürieren.

3 Zwiebel schälen und fein würfeln. Broccoli waschen, in kleine Röschen teilen und jeweils halbieren. Frühlingszwiebel waschen und schräg in Ringe schneiden. Lachsfilet abspülen, trocken tupfen und würfeln.

4 Öl in einer großen Pfanne auf mittlerer bis hoher Stufe erhitzen und Lachs darin ca. 5 Minuten rundherum braten. Lachs herausnehmen und warm stellen. Zwiebeln und Broccoli im Bratensatz mit Deckel ca. 3 Minuten braten. Nudeln abgießen und zum Broccoli geben.

5 Erbsenpesto und Fond unterrühren, mit Salz und Pfeffer abschmecken und mit Zitronenschale verfeinern. Lachs vorsichtig unterheben und mit Frühlingszwiebeln und restlichen Pinienkernen bestreuen. Tagliatelle mit Lachs und Erbsenpesto servieren.

Schon probiert?
Wenn du einen einheimischen Fisch zubereiten möchtest, verwende am Besten Lachs-, Bach-oder Seeforelle.

Bärlauchrührei mit Frischkäsetopping

Für 2 Personen   **Zubereitungszeit 10 Min.**   **Garzeit 5 Min.**

1379 kJ | 330 kcal

1 kleine Zwiebel
4 Stängel Bärlauch
2 Scheiben Pumpernickel
4 Bio-Eier (Größe M)
Salz, Pfeffer
1 TL Olivenöl
2 EL körniger Frischkäse,
  bis 5 % Fett absolut
1 EL Schnittlauchringe

1 Zwiebel schälen und würfeln. Bärlauch waschen, trocken schütteln und fein hacken. Pumpernickel längs in 2 cm breite Streifen schneiden. Eier mit Bärlauch und Salz verquirlen.

2 Öl in einer Pfanne auf mittlerer Stufe erhitzen und Zwiebel darin ca. 2 Minuten dünsten. Eimasse dazugeben, unter Rühren 2–3 Minuten stocken lassen und mit Pfeffer würzen. Rührei mit Pumpernickel anrichten, Frischkäse daraufgeben und mit Schnittlauch bestreut servieren.

Ausgetauscht
Wer keinen Bärlauch- oder Knoblauchgeschmack mag, kann stattdessen Schnittlauch, Kerbel, Estragon oder Basilikum verwenden.

Schon probiert?
Aus Bärlauch lässt sich auch wunderbar Bärlauchöl, Butter oder Pesto herstellen.

Gartenkräutersuppe mit Hafermilch

Für 4 Personen   Zubereitungszeit 15 Min.   Garzeit 20 Min.

498 kJ | 119 kcal

1 Knollensellerie
1 Zwiebel
1 Stange Lauch
1 Knoblauchzehe
1 TL Olivenöl
300 ml Haferdrink
450 ml Gemüsefond
1/4 Bund Schnittlauch
2 Stängel Estragon
2 Stängel Kerbel
2 Stängel Basilikum
2 Stängel Petersilie
2 Stängel Borretsch
Salz, Pfeffer
1 EL Borretschblüten

1   Sellerie mit Zwiebel schälen und würfeln. Lauch waschen und in Ringe schneiden. Knoblauch fein hacken. Öl in einem Topf auf mittlerer Stufe erhitzen und Sellerie mit Zwiebel, Lauch und Knoblauch darin ca. 5 Minuten andünsten. Mit Haferdrink und Fond ablöschen und ca. 15 Minuten köcheln lassen.

2   Kräuter waschen, trocken schütteln und grob hacken. 2 EL Kräuter beiseitestellen, restliche Kräuter zur Suppe geben, pürieren und mit Salz und Pfeffer abschmecken. Gartenkräutersuppe mit restlichen Kräutern und Borretschblüten garniert servieren.

Lachsforelle mit Gurkenspaghetti und Drillingen

Für 2 Personen   Zubereitungszeit 20 Min.   Garzeit 20 Min.

1834 kJ | 438 kcal

500 g Drillinge (kleine Kartoffeln)
Salz, Pfeffer
2 Lachsforellenfilets (à 125 g)
2 Salatgurken
1 TL Rapsöl
4 Stängel Pimpernelle
1/2 TL grobes Meersalz
2 TL Schnittlauchringe

1   Drillinge waschen und mit Schale in Salzwasser 15–20 Minuten garen. Forellenfilets abspülen und trocken tupfen. Gurken waschen, grob schälen und mit einem Spiralschneider in dünne Spiralen schneiden. Gurkenspiralen salzen, ca. 5 Minuten ziehen lassen und trocken tupfen.

2   Öl in einer Pfanne auf mittlerer Stufe erhitzen, Forellenfilets darin 3–4 Minuten auf der Hautseite braten und mit Salz und Pfeffer würzen.

3   Pimpernelle waschen, trocken schütteln, hacken und mit Gurkenspiralen mischen. Drillinge abgießen, halbieren und mit grobem Salz und Schnittlauch verfeinern. Lachsforelle mit Gurkenspaghetti und Drillingen servieren.

Tipp
Du bekommst keine Pimpernelle? Verwende stattdessen einige Stängel Dill oder Schnittlauch.

Schon gewusst?
Wer die Haut der Lachsforelle nicht mag, kann diese nach dem Braten einfach abziehen.

Joghurt-Limetten-Eis mit Rhabarberkompott

Für 4 Personen   Zubereitungszeit 15 Min.   Garzeit 10 Min.   Gefrierzeit 3 Std.

519 kJ | 124 kcal

2 unbehandelte Limetten
2 Stängel Minze
500 g Magermilchjoghurt
3 EL Puderzucker
1 Vanilleschote
400 g Rhabarber
30 ml Wasser

1 1 TL Limettenschale abreiben und Limetten auspressen. Minze waschen, trocken schütteln und fein hacken. Joghurt mit 1 EL Puderzucker, Minze, Limettenschale und -saft verrühren und unter gelegentlichem Rühren ca. 3 Stunden gefrieren lassen.

2 Vanilleschote längs aufschneiden und das Mark herauskratzen. Rhabarber abziehen und in Stücke schneiden. Rhabarberstücke mit restlichem Puderzucker, Vanillemark und Wasser in einem Topf auf mittlerer Stufe ca. 10 Minuten köcheln lassen. Joghurt-Limetten-Eis auf 4 Schälchen verteilen und mit Rhabarberkompott servieren.

Variation
Für eine etwas andere Geschmacksnote kannst du auch Tonkabohne statt Vanille verwenden.

Estragon-Granité
mit marinierten Erdbeeren

Für 4 Personen   **Zubereitungszeit 15 Min.**   **Gefrierzeit 4 Std.**

453 kJ | 108 kcal

3 unbehandelte Orangen
2 Stängel Estragon
400 g Erdbeeren
1 EL Honig
1 EL Zitronensaft

1 2 TL Orangenschale abreiben und Orangen auspressen. Estragon waschen, trocken schütteln und mit Orangensaft und 1 TL Orangenschale pürieren. Masse gegebenenfalls mit Wasser auf 500 ml auffüllen und unter gelegentlichem Rühren ca. 4 Stunden gefrieren lassen.

2 Erdbeeren waschen, trocken tupfen und in Scheiben schneiden. Erdbeeren fächerartig nebeneinander auf 4 Tellern anrichten. Honig mit Zitronensaft verrühren, über die Erdbeeren träufeln und mit restlicher Orangenschale verfeinern. Estragon-Granité mit marinierten Erdbeeren servieren.

Tipp

Wenn deine Granité gefriert, lockere sie zwischendurch immer mal wieder mit einer Gabel auf. So bekommst du die typische Konsistenz von Kratzeis.

Sommer

Sommer? Ja bitte!

„Für einen Koch ist der Sommer das Allerbeste."

Warum das so ist? Weil die Natur im Sommer für einen Profi wie Andi Schweiger am meisten zu bieten hat. Schon beim Duft eines frisch gestochenen Kopfsalats kommt man in Sommerlaune. Und auch wir wünschen uns manchmal, dass die wärmste Saison des Jahres niemals enden würde.

Eigentlich konnten wir froh sein, dass Andi sich überhaupt die Zeit genommen hat, mit uns die herrlichen Sommergerichte für dieses Buch zu kreieren. Sobald es warm ist, zieht es ihn nämlich nur noch nach draußen. „Ich bin der totale Sommertyp", sagt er über sich selbst. „Für mich als Motorradfahrer gibt es nichts Schöneres, als bei gutem Wetter durch die Gegend zu fahren."

Neben traumhaften Landschaften seiner Heimat Baden-Württemberg oder der Wahlheimat Bayern entdeckt er dann Sommer für Sommer aufs Neue auch all die wunderbaren Schätze, die die Natur zu dieser Jahreszeit preisgibt. „Jede Menge Beeren zum Beispiel", sagt Andi. Am Ende eines Dorfes aufgewachsen, waren die kleinen Früchte am Weges- oder Waldesrand schon immer seine Begleiter. Johannisbeeren, Stachelbeeren, Heidelbeeren, Himbeeren ... zum Naschen oder in köstlichen Kuchen, Marmeladen, Saucen und Desserts (wie unsere „Vanillecreme mit Sommerbeeren" auf S. 80) sind sie für ihn (und uns!) das reinste Vergnügen.

Aber auch Tomaten, Paprika oder Auberginen haben es im Sommer in sich und sind tolle Begleiter für ausgiebige Barbecues, die zu dieser Jahreszeit für Andi Pflicht sind. Auberginen sollten vor dem Garen gut gesalzen werden, um ihnen Bitterstoffe zu entziehen. Andi hat aus Auberginen eine leckere Creme gemacht. Die Kombi mit Steak und Buchweizen (S. 72) ist einfach klasse.

Fisch macht Freude

Was ist im Sommer schöner als in einen kühlen See oder Fluss zu springen? Ein Vergnügen, das beispielsweise Lachsforellen andauernd haben, wenn sie in der richtigen Zucht unterwegs sind.

„Um an qualitativ hochwertige Produkte für meine Küche zu kommen, arbeite ich mit Partnern zusammen, die – ob bei Fleisch oder Fisch – Wert auf eine artgerechte Tierhaltung legen. Flusskrebse beispielsweise machen auch mir in der Küche viel Arbeit. Das ist aber gut so, denn dadurch bewahre ich mir einen gewissen Respekt vor diesen urtümlichen heimischen Flussbewohnern", erklärt Andi.

Ein toller Sommerfisch ist darüber hinaus zum Beispiel auch der Heilbutt. Auf Vanille-Sellerie-Püree (was für eine geniale Kombi!) präsentiert dieser sich in diesem Buch auf ganz neue Weise (S. 59).

Cool kombiniert

Frische Minze ist neben allerlei Früchten wie Melone, Kirschen, Stachelbeeren und Pfirsichen in unserer Sommerküche ein absolutes Muss. Und auch ohne Paprika geht zu dieser Jahreszeit bei Andi und uns nichts. Dass die auch als Kaltschale (S. 63), hier in Kombination mit Johannisbeeren, so hervorragend schmecken kann, hätten auch wir nie gedacht. Aber das war längst nicht die einzige Überraschung, die der Profi für uns zu bieten hatte.

Noch mehr Abwechslung

Viele weitere tolle und keinesfalls nur „fischige" Rezeptideen für die warme Jahreszeit finden sich auf den nachfolgenden Seiten. Lust auf „Kohlrabispaghetti mit Tomaten und Hirse" (S. 56), „Schweinefilet auf Zucchinibett mit Kräutern" (S. 52) oder „Wilder Sommersalat mit Tandoori-Hähnchen" (S. 60) zum Beispiel?

Eins können wir daher vorab versprechen: Mit diesen Rezepten wird der Sommer heiß!

Schweinefilet auf Zucchinibett mit Kräutern

Für 4 Personen Zubereitungszeit 20 Min. Garzeit 10 Min.

791 kJ | 189 kcal

je 1 grüne und gelbe Zucchini
Salz, Pfeffer
2 Stängel Petersilie
2 Stängel Dill
4 Stängel Basilikum
2 Handvoll Friséesalat
4 TL Olivenöl
2 EL dunkler Balsamicoessig
2 EL Gemüsefond
1 TL Senf
1 TL Honig
400 g Schweinefilet
2 EL Zitronensaft

1 Zucchini waschen, schräg in dünne Scheiben hobeln, salzen, ca. 10 Minuten ziehen lassen und trocken tupfen. Kräuter mit Salat waschen und trocken schütteln. Petersilie mit Dill grob hacken und Basilikumblätter abzupfen. Für das Dressing 2 TL Öl mit Essig, Fond, Senf, Honig, Salz und Pfeffer verrühren.

2 Schweinefilet trocken tupfen. Restliches Öl in einer Pfanne auf mittlerer Stufe erhitzen, Schweinefilet darin 10–14 Minuten rundherum braten und mit Salz und Pfeffer würzen.

3 Zucchinischeiben abwechselnd fächerartig auf 4 Teller verteilen, mit Zitronensaft beträufeln und mit Pfeffer würzen. Kräuter und Salat mit Dressing mischen und mittig auf den Zucchinischeiben anrichten. Schweinefilet schräg in dünne Scheiben schneiden, auf dem Zucchinibett verteilen und Schweinefilet auf Zucchinibett mit Kräutern servieren.

Röstaroma

Wer mag, kann die Zucchinischeiben fettfrei in einer Grillpfanne 2–3 Minuten von jeder Seite grillen und dann anrichten.

Dreierlei Melonen-Quinoa-Salat

Für 4 Personen   **Zubereitungszeit 20 Min.**   **Garzeit 10 Min.**   **Marinierzeit 60 Min.**

1266 kJ | 303 kcal

400 g Wassermelone
50 ml Sojasauce
300 g Honigmelone
300 g Cantaloupemelone
200 g trockene bunte Quinoa
400 ml Gemüsefond
1 Beet Kresse
Salz, Pfeffer

1 Wassermelone schälen, würfeln, mit Sojasauce in einen Gefrierbeutel geben und im Kühlschrank ca. 60 Minuten marinieren.

2 Honigmelone und Cantaloupemelone schälen, Kerne mit einem Löffel entfernen und beides würfeln. Quinoa nach Packungsanweisung in Fond garen.

3 Kresse vom Beet schneiden. Wassermelonenwürfel abtropfen lassen, mit Quinoa und restlichen Melonenwürfeln mischen, mit Kresse bestreuen und mit Salz und Pfeffer abschmecken. Dreierlei Melonen-Quinoa-Salat servieren.

Make it easy

Um dieses Gericht noch einfacher und schneller zubereiten zu können, kannst du auch nur eine Sorte Melone verwenden.

Kohlrabispaghetti mit Tomaten und Hirse

Für 2 Personen **Zubereitungszeit 20 Min.** **Garzeit 15 Min.**

1524 kJ | 364 kcal

2 Kohlrabi
Salz, Pfeffer
100 g trockene Hirse
300 ml Gemüsefond
1 Karotte
1 kleine Zucchini
2 Tomaten
1 TL Pinienkerne
1 EL dunkler Balsamicoessig
1 TL Olivenöl

1 Kohlrabi schälen, mit dem Spiralschneider in dünne Spiralen schneiden und salzen. Kohlrabigrün fein hacken. Hirse nach Packungsanweisung in Fond garen. Karotte schälen, Zucchini mit Tomaten waschen und alles fein würfeln.

2 Karotten, Zucchini und die Hälfte der Tomaten unter die Hirse heben und mit Salz und Pfeffer abschmecken. Pinienkerne fettfrei in einer Pfanne auf mittlerer Stufe 2–3 Minuten rösten. Restliche Tomaten mit Essig, Öl und Pinienkernen mischen. Kohlrabispaghetti mit Tomatenmischung und Kohlrabigrün toppen und servieren.

Schwarzer Heilbutt auf Vanille-Sellerie-Püree

Für 2 Personen   Zubereitungszeit 20 Min.   Garzeit 25 Min.

1936 kJ | 463 kcal

2 Schalotten
1 Knollensellerie
1 Vanilleschote
2 TL Olivenöl
300 ml Gemüsefond
Salz, Pfeffer
2 Stängel Estragon
2 schwarze Heilbuttfilets (à 150 g)
2 TL Butter
120 ml trockener Weißwein
2 Frühlingszwiebeln
200 g Cocktailtomaten
2 Stängel Basilikum

1 Schalotten schälen und fein würfeln. Sellerie schälen und würfeln. Vanilleschote längs aufschneiden und das Mark herauskratzen. 1 TL Öl in einem Topf auf mittlerer Stufe erhitzen und die Hälfte der Schalotten mit Sellerie darin ca. 2 Minuten andünsten. Vanillemark dazugeben, mit Fond ablöschen und mit Deckel ca. 20 Minuten garen.

2 Estragon waschen, trocken schütteln und hacken. Heilbuttfilets abspülen und trocken tupfen. 1 TL Butter in einer Pfanne auf niedriger Stufe erhitzen und restliche Schalotten mit Estragon darin ca. 1 Minute anbraten. Mit Wein ablöschen, mit Salz würzen und Heilbuttfilets darin mit Deckel ca. 5 Minuten gar ziehen lassen.

3 Frühlingszwiebeln waschen und in Ringe schneiden. Tomaten waschen und ein-, aber nicht durchschneiden. Restliches Öl in einer Pfanne auf mittlerer Stufe erhitzen und Tomaten mit weißen Frühlingszwiebeln darin 2–3 Minuten andünsten. Mit restlicher Butter verfeinern, mit Salz und Pfeffer abschmecken und grüne Frühlingszwiebeln dazugeben.

4 Sellerie samt Fond pürieren und mit Salz und Pfeffer abschmecken. Basilikum waschen, trocken schütteln und die Blätter abzupfen. Heilbutt mit Pfeffer würzen und mit Basilikum bestreuen. Schwarzen Heilbutt auf Vanille-Sellerie-Püree mit Tomaten servieren.

Wilder Sommersalat mit Tandoori-Hähnchen

Für 6 Personen   Zubereitungszeit 20 Min.   Garzeit 15 Min.   Marinierzeit 5 Min.

1010 kJ | 242 kcal

6 Hähnchenbrustfilets (à 150 g)
250 g Magermilchjoghurt
Salz, Pfeffer
3 TL Tandoori Würzmischung
25 ml Gemüsefond
30 ml dunkler Balsamicoessig
30 ml Traubenkernöl
1 EL Senf
1 EL Honig
100 g Lollo rosso
100 g Lollo bianco
100 g Radicchio
80 g Rucola
80 g Baby-Blattspinat
1/4 Bund Basilikum
1 Handvoll Kapuzinerkresse
2 Stängel Kerbel

1 Backofen auf 180° C (Gas: Stufe 2, Umluft: 160° C) vorheizen. Hähnchenbrustfilets trocken tupfen und in Streifen schneiden. 200 g Joghurt mit Salz und Tandoori verrühren, mit Hähnchenbrust in einen Gefrierbeutel geben und im Kühlschrank ca. 5 Minuten marinieren.

2 Für das Dressing restlichen Joghurt mit Fond, Essig, Öl, Senf, Honig, Salz und Pfeffer verrühren. Hähnchenbrust auf einem mit Backpapier ausgelegten Backblech verteilen und im Backofen auf mittlerer Schiene ca. 15 Minuten garen.

3 Salate mit Spinat waschen, trocken schleudern und gegebenenfalls in mundgerechte Stücke zerteilen. Kräuter waschen, trocken schütteln und grob hacken. Salat mit Kräutern und Dressing mischen und wilden Sommersalat mit Tandoori-Hähnchen servieren.

Heute mal vegetarisch

Für eine Veggie-Variante kannst du statt des Hähnchens Kohlrabi oder Knollensellerie in Stifte schneiden und sie so zubereiten wie das Hähnchen.

Paprikakaltschale mit Johannisbeeren

Für 2 Personen   Zubereitungszeit 10 Min.

968 kJ | 231 kcal

je 2 rote und gelbe Paprika
200 g Johannisbeeren
1/4 Bund Petersilie
280 g Magermilchjoghurt
Salz, Pfeffer

1 Paprika waschen, entkernen und in Stücke schneiden. Johannisbeeren mit Petersilie waschen. Paprika mit Johannisbeeren, 200 g Joghurt und der Hälfte der Petersilie pürieren und mit Salz und Pfeffer abschmecken.

2 Restlichen Joghurt mit restlicher Petersilie, Salz und Pfeffer pürieren. Paprikakaltschale mit Joghurt marmorieren und servieren.

So sweet!

Wenn dir die Johannisbeeren zu sauer sind, verfeinere die Kaltschale mit 1 TL Zucker. Der SmartPoints Wert erhöht sich in jedem Plan um 1.

Oktopussalat im Glas mit Bulgur

Für 6 Gläser   **Zubereitungszeit 20 Min.**   **Garzeit 65 Min.**   **Kühlzeit 60 Min.**

987 kJ | 236 kcal

1 Fenchelknolle
1 Stange Lauch
1 Zwiebel
200 g Karotten
1 Knoblauchzehe
400 g küchenfertige
　Oktopusarme
1 TL Koriandersaat
5 Wacholderbeeren
Salz, Pfeffer
800 ml Wasser
200 ml leichter Rotwein
je 1 rote und gelbe Paprika
180 g trockener Bulgur

1 Für den Fond Fenchel waschen, halbieren, den Strunk entfernen und Fenchel in Streifen schneiden. Lauch waschen und in Ringe schneiden. Zwiebel mit Karotten schälen und würfeln. Knoblauch hacken.

2 Oktopusarme abspülen und mit Gemüse, Knoblauch, Koriandersaat, Wacholderbeeren, Salz, Wasser und Wein in einem Topf auf mittlerer Stufe erhitzen. Mit Deckel ca. 60 Minuten garen, Topf vom Herd nehmen und Oktopus im Fond ca. 60 Minuten abkühlen lassen.

3 Backofen auf 240° C (Gas: Stufe 5, Umluft: 220° C) vorheizen. Paprika waschen, halbieren, entkernen und mit der Haut nach oben auf einen Grillrost legen. Im Backofen auf mittlerer Schiene ca. 20 Minuten grillen. Oktopus aus dem Fond nehmen, in Stücke schneiden, ca. 5 Minuten vor Ende der Garzeit zur Paprika geben und mitgrillen.

4 Bulgur nach Packungsanweisung mit 450 ml des Fischfonds garen. Paprikahälften unter fließendem Wasser häuten und in Stücke schneiden. Bulgur auf 6 Gläser (Inhalt ca. 250 ml) verteilen, Paprika und Oktopus daraufgeben und mit Salz und Pfeffer abschmecken. Oktopussalat im Glas servieren.

Ran an den Grill!

Für ein besonderes Aroma kannst du Paprika und Oktopus auch auf dem Holzkohlegrill zubereiten.

Cornflakeshähnchen mit scharfer BBQ-Sauce

Für 4 Personen   Zubereitungszeit 40 Min.   Garzeit 80 Min.

2285 kJ | 546 kcal

Salz, Pfeffer
800 g große festkochende Kartoffeln
2 rote Zwiebeln
1 Knoblauchzehe
1 kleine rote Chilischote
200 ml passierte Tomaten (Konserve)
1 EL Weißweinessig
2 EL Ananassaft
2 EL Apfelsaft
1 TL Honig
1 TL Senf
1 TL geräuchertes Paprikapulver
4 Tomaten
2 EL dunkler Balsamicoessig
4 TL Olivenöl
2 eingelegte Jalapeños ohne Öl
60 g Mehl
50 ml fettarme Milch
2 Bio-Eier (Größe M)
1 Msp. Cayennepfeffer
einige Tropfen Tabasco
80 g Cornflakes
4 Hähnchenschnitzel (à 120 g)

1 Backofen auf 180° C (Gas: Stufe 2, Umluft: 160° C) vorheizen. 3 EL Salz auf einem mit Backpapier ausgelegten Backblech verteilen. Kartoffeln waschen, auf das Salz legen und im Backofen auf mittlerer Schiene ca. 80 Minuten garen.

2 Für die BBQ-Sauce Zwiebeln schälen und würfeln. Knoblauch hacken. Chilischote waschen, entkernen und fein hacken. Passierte Tomaten mit der Hälfte der Zwiebeln, Knoblauch, Weißweinessig, Ananas-, Apfelsaft, Honig, Senf, Salz, Pfeffer, Paprikapulver und der Hälfte der Chilischote in einem Topf auf mittlerer Stufe aufkochen. Sauce pürieren, ca. 5 Minuten köcheln und ca. 5 Minuten abkühlen lassen.

3 Für den Salat Tomaten waschen, in Spalten schneiden und mit restlichen Zwiebeln, Balsamicoessig, 2 TL Öl, Salz und Pfeffer mischen. Jalapeños hacken und mit Mehl, Milch, Eiern, Cayennepfeffer und Tabasco verquirlen. Für den Cornflakes-mantel Cornflakes in einen Gefrierbeutel geben, mit einem Nudelholz zerkleinern, mit restlicher Chilischote verrühren und in einen tiefen Teller geben. Mehl-Milch-Mischung in einen weiteren tiefen Teller geben.

4 Hähnchenschnitzel trocken tupfen, erst in der Mehl-Milch-Mischung und danach in den Cornflakes wenden. Restliches Öl in einer Pfanne auf mittlerer Stufe erhitzen und Hähnchen-schnitzel darin 6–7 Minuten von jeder Seite braten. Scharfes Cornflakeshähnchen mit Ofenkartoffeln, Tomaten-Zwiebel-Salat und BBQ-Sauce servieren.

Ausgetauscht

Heute keine Lust auf Kartoffeln? Gebratener Baby-Mais oder gegrillter Mais passen eben-falls wunderbar zu diesem Gericht.

Zucchininudeln mit Geflügel und Ei

Für 2 Personen   Zubereitungszeit 10 Min.   Garzeit 5 Min.

807 kJ | 193 kcal

2 Zucchini
4 Scheiben Geflügelbrust-
aufschnitt
1/2 unbehandelte Zitrone
1 Liter Wasser
3 EL Weißweinessig
Salz, Pfeffer
2 Bio-Eier (Größe M)
1 TL gehackter Thymian
1 TL Olivenöl

1 Zucchini waschen und mit einem Spiralschneider in dünne Spiralen schneiden. Geflügelbrustaufschnitt in Streifen schneiden. 1 TL Zitronenschale abreiben und Zitronenhälfte auspressen.

2 Wasser mit Essig und 1 TL Salz in einem Topf auf hoher Stufe zum Sieden bringen. Eier einzeln in eine Suppenkelle schlagen, langsam in das Wasser geben und 4–5 Minuten auf niedriger Stufe ziehen lassen.

3 Eine Pfanne auf mittlerer bis hoher Stufe erhitzen und Zucchinispiralen mit Geflügelbrust darin ca. 1 Minute anbraten. Mit Salz und Pfeffer würzen und mit 1 TL Zitronensaft und Zitronenschale verfeinern.

4 Zucchininudeln mit Thymian bestreuen. Pochiertes Ei darauf anrichten, mit Öl beträufeln und Zucchininudeln servieren.

Melonen-Gurken-Apfelsmoothie

Für 4 Personen **Zubereitungszeit 10 Min.**

357 kJ | 85 kcal

1/2 Galiamelone (ca. 350 g)
1 säuerlicher Apfel
  (z. B. Granny Smith)
1 Salatgurke
4 Stängel Minze
4 Stängel Basilikum
100 ml Apfelsaft
1 Prise Salz

1 Melone halbieren, Kerne mit einem Löffel entfernen und Melone in Stücke schneiden. Apfel vierteln, entkernen, schälen und in Stücke schneiden. Gurke waschen, entkernen und in Stücke schneiden.

2 Minze mit Basilikum waschen und trocken schütteln. Obst, Gurke, Kräuter, Apfelsaft und Salz pürieren. Melonen-Gurken-Apfelsmoothie servieren.

Besonders erfrischend ...

... ist der Smoothie eisgekühlt oder sogar leicht angefroren.

Steak auf Auberginencreme mit Buchweizen

Für 4 Personen   Zubereitungszeit 20 Min.   Garzeit 40 Min.

1842 kJ | 440 kcal

2 Auberginen
4 TL Olivenöl
Salz, Pfeffer
200 g trockener Buchweizen
8 getrocknete Tomaten ohne Öl
50 ml heißer Gemüsefond
1/2 unbehandelte Zitrone
4 Stängel Petersilie
4 Rindersteaks (à 150 g)
1/2 unbehandelte Orange

1 Backofen auf 180° C (Gas: Stufe 2, Umluft: 160° C) vorheizen. Auberginen waschen, halbieren, mit 2 TL Öl bepinseln und salzen. Auberginenhälften mit der Schnittfläche nach unten auf ein mit Backpapier ausgelegtes Backblech legen und im Backofen auf mittlerer Schiene ca. 40 Minuten backen.

2 Buchweizen nach Packungsanweisung in Salzwasser garen. Tomaten ca. 10 Minuten in Fond einweichen, abtropfen lassen und hacken. Zitronenschale abreiben und Zitronenhälfte auspressen. Petersilie waschen, trocken schütteln und hacken. Buchweizen mit Tomaten, Petersilie, Salz, Pfeffer, Zitronenschale und -saft vermischen.

3 Steaks trocken tupfen. Restliches Öl in einer Pfanne auf hoher Stufe erhitzen, Rindersteaks darin 2–3 Minuten von jeder Seite braten und mit Salz und Pfeffer würzen. 1 TL Orangenschale abreiben und Orangenhälfte auspressen. Auberginen auskratzen und Fruchtfleisch mit Salz, Pfeffer, Orangenschale und 2 EL Orangensaft verrühren. Steak auf Auberginencreme mit Buchweizen servieren.

An heißen Sommertagen …
… schmecken die Auberginencreme und der Buchweizen auch kalt.

Tipp
Immer entgegen der Fleischfaser schneiden. So wird das Steak noch zarter.

Zucchini-Ziegenkäse-Lasagne

Für 4 Personen **Zubereitungszeit 25 Min.** **Garzeit 65 Min.**

1691 kJ | 404 kcal

1 Zwiebel
1 Knollensellerie
2 Karotten
900 g Zucchini
Salz, Pfeffer
2 Zweige Thymian
2 Zweige Rosmarin
6 Stängel Basilikum
1 TL Olivenöl
2 Knoblauchzehen
1 EL Tomatenmark
1/2 TL Chilipulver
250 ml Gemüsefond
500 g stückige Tomaten
   (Konserve)
9 trockene Vollkorn-
   Lasagneblätter
100 g Ziegenfrischkäse,
   45 % Fett i. Tr.
70 g geriebener Käse,
   30 % Fett i. Tr.

1 Zwiebel schälen und würfeln. Sellerie mit Karotten schälen und fein würfeln. Zucchini waschen, längs in ca. 1 cm breite Streifen schneiden, salzen, ca. 5 Minuten ziehen lassen und trocken tupfen. Kräuter waschen, trocken schütteln und hacken.

2 Öl in einer großen Pfanne auf mittlerer bis hoher Stufe erhitzen, Sellerie, Karotten und Zwiebeln darin ca. 5 Minuten andünsten. Knoblauch fein hacken, dazugeben, mit Salz und Pfeffer würzen, Tomatenmark einrühren und mit Kräutern und Chilipulver verfeinern. Mit Fond und Tomaten ablöschen und ca. 15 Minuten köcheln lassen.

3 Backofen auf 180° C (Gas: Stufe 2, Umluft: 160° C) vorheizen. Tomatensauce abwechselnd mit Lasagneblättern, Zucchinistreifen und Ziegenfrischkäse in Klecksen in eine Auflaufform (ca. 25 x 30 cm) schichten, dabei mit Sauce beginnen und abschließen. Lasagne mit Käse bestreuen und im Backofen auf mittlerer Schiene ca. 45 Minuten backen. Zucchini-Ziegenkäse-Lasagne servieren.

Heute mal low carb

Wer keine Lasagneblätter benutzen möchte, kann diese durch breite Bohnen, Zucchini- oder Kohlrabischeiben ersetzen.

Kalbsfrikandeau mit zweierlei Broccoli

Für 4 Personen   **Zubereitungszeit 20 Min.**   **Garzeit 95 Min.**

1717 kJ | 411 kcal

1 Knoblauchzehe
2 Zweige Thymian
2 Zweige Rosmarin
1 TL Butter
500 g Kalbsunterschale
Salz, Pfeffer
200 g trockener Naturreis
1 Broccoli
2 TL Olivenöl
3 EL Zitronensaft
1 EL Pinienkerne

1 Backofen auf 85° C Ober-/Unterhitze (Umluft nicht empfeh-lenswert) vorheizen. Knoblauch fein hacken. Thymian und Rosmarin waschen und trocken schütteln. Kalbfleisch trocken tupfen und mit Salz würzen.

2 Butter in einer Pfanne auf hoher Stufe erhitzen und Kalbfleisch mit Knoblauch und Kräutern darin ca. 5 Minuten rundherum anbraten. Kalbfleisch samt Kräutern in eine Auflaufform legen (ca. 20 x 30 cm) und im Backofen auf mittlerer Schiene ca. 95 Minuten garen.

3 Reis nach Packungsanweisung in Salzwasser garen. Broccoli waschen und in Röschen teilen. Die Hälfte der Broccoliröschen fein hacken und restliche Broccoliröschen in feine Scheiben hobeln. Broccolihobel mit 1 TL Öl, Zitronensaft, Salz und Pfeffer vermischen.

4 Pinienkerne fettfrei in einer Pfanne auf mittlerer Stufe 2–3 Mi-nuten rösten. Gehackte Broccoliröschen ca. 10 Sekunden in kochendem Salzwasser blanchieren, abgießen und mit rest-lichem Öl und Pinienkernen mischen. Kalbsfrikandeau mit Pfeffer würzen und mit zweierlei Broccoli und Reis servieren.

Ausgetauscht

Das Gericht schmeckt auch mit Kalbs-filet sehr lecker.

Langostinos mit Couscous und Feigen

Für 2 Personen   **Zubereitungszeit 25 Min.**   **Garzeit 15 Min.**

2356 kJ | 563 kcal

6 Langostinos (à 80 g)
4 TL Olivenöl
Salz, Pfeffer
4 getrocknete Tomaten ohne Öl
200 ml heißer Gemüsefond
100 g trockener Couscous
2 Karotten
1 Schalotte
1/2 Zucchini
2 TL Kapern
2 Feigen
1/2 unbehandelte Zitrone

1 Backofen auf 70° C Ober-/Unterhitze (Umluft nicht empfeh-lenswert) vorheizen. Langostinokopf durch eine Drehung ab-lösen. Panzer aufbrechen, das Fleisch herauslösen, auf der Rückseite aufschneiden und den dunklen Darm entfernen. Langostinos abspülen, trocken tupfen, mit 2 TL Öl und Salz vermischen und auf ein mit Backpapier ausgelegtes Back-blech legen. Langostinos im Backofen auf mittlerer Schiene 10–15 Minuten garen.

2 Tomaten ca. 10 Minuten in 50 ml Fond einweichen, abtropfen lassen und in feine Würfel schneiden. Couscous nach Packungs-anweisung im restlichen Fond garen. Karotten mit Schalotte schälen und würfeln. Zucchini waschen und würfeln.

3 Restliches Öl in einer Pfanne auf mittlerer Stufe erhitzen und Gemüse darin ca. 5 Minuten anbraten. Tomaten dazugeben und kurz mitbraten. Kapern grob hacken und mit dem Gemüse unter den Couscous heben.

4 Feigen waschen, in Streifen schneiden und unter den Couscous heben. Zitronenschale abreiben und Zitronenhälfte auspressen. Couscous mit Zitronensaft und -schale verfeinern und mit Salz und Pfeffer abschmecken. Langostinos mit Couscous und Feigen servieren.

Ausgetauscht

Wenn du keine Langostinos bekommst, kannst du stattdessen auch Garnelen anbraten und zum Couscous servieren.

Vanillecreme mit Sommerbeeren

Für 6 Personen   **Zubereitungszeit 15 Min.**   **Garzeit 10 Min.**   **Kühlzeit 60 Min.**

577 kJ | 138 kcal

1 Vanilleschote
2 Bio-Eier (Größe M)
1 EL Maisstärke
300 ml fettarme Milch
50 g Zucker
400 g gemischte Beeren
    (z. B. Erdbeeren, Stachelbeeren
    und Brombeeren)
25 g Haselnusskrokant

1 Vanilleschote längs aufschneiden und das Mark herauskratzen. Eier trennen. Stärke mit Eigelb und 50 ml Milch anrühren. Restliche Milch mit 20 g Zucker, Vanilleschote und -mark in einem Topf auf mittlerer Stufe ca. 5 Minuten erwärmen. Stärkemischung einrühren und aufkochen.

2 Eiklar mit restlichem Zucker steif schlagen und zügig unter die heiße Vanillecreme heben. Creme auf 6 Gläser (Inhalt ca. 200 ml) verteilen und ca. 60 Minuten kalt stellen. Beeren waschen, trocken tupfen, gegebenenfalls in Stücke schneiden und auf der Creme verteilen. Vanillecreme mit Haselnusskrokant bestreuen und servieren.

Kirschen mit Joghurt und Kokoscrisp

Für 4 Personen   Zubereitungszeit 15 Min.   Garzeit 5 Min.   Kühlzeit 10 Min.

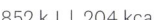

852 kJ | 204 kcal

2 EL brauner Zucker
2 EL Kokosraspel
600 g Kirschen
1 unbehandelte Limette
400 g Magermilchjoghurt
1 TL Kokosblütensirup

1 Zucker in einem Topf auf niedriger Stufe schmelzen lassen. Kokosraspel dazugeben, verrühren, auf ein Stück Backpapier geben und ca. 10 Minuten abkühlen lassen.

2 Kirschen waschen, entsteinen und gegebenenfalls halbieren. 1 TL Limettenschale abreiben und Limette auspressen. Joghurt, Kirschen, Kokosblütensirup, Limettensaft und -schale verrühren und auf 4 Schälchen verteilen. Kokoscrisp darüberbröseln und Kirschen mit Joghurt servieren.

Mandel-Tonkabohnen-Creme mit Pfirsich

Für 4 Personen   **Zubereitungszeit 20 Min.**   **Garzeit 10 Min.**   **Kühlzeit 20 Min.**

618 kJ | 148 kcal

400 ml Mandeldrink
1/2 Beutel Agar Agar
4 TL Agavendicksaft
1/4 TL geriebene Tonkabohne
4 reife Pfirsiche
2 EL Zitronensaft
1 Prise Salz
250 g Himbeeren
2 TL Puderzucker

1 Mandeldrink mit Agar Agar, 3 TL Agavendicksaft und Tonkabohne in einem Topf auf hoher Stufe aufkochen, in 4 Gläschen (Inhalt ca. 200 ml) füllen und ca. 20 Minuten abkühlen lassen.

2 Pfirsiche kreuzweise einschneiden, mit heißem Wasser überbrühen und häuten. Pfirsiche halbieren, die Steine entfernen und Pfirsiche würfeln. Pfirsiche mit Zitronensaft, restlichem Agavendicksaft und Salz mischen.

3 Himbeeren waschen, trocken tupfen und mit 1 TL Puderzucker in einer Pfanne auf mittlerer Stufe 2–3 Minuten erwärmen. Pfirsiche auf der Creme verteilen, warme Himbeeren daraufgeben und mit restlichem Puderzucker bestäuben. Mandel-Tonkabohnen-Creme sofort servieren.

Stachelbeergratin

Für 4 Personen   **Zubereitungszeit 15 Min.**   **Garzeit 40 Min.**

715 kJ | 171 kcal

200 g Stachelbeeren
1 Vanilleschote
140 g Magerquark
60 g Crème légère
20 g Speisestärke
2 Bio-Eier (Größe M)
40 g Zucker
1 Prise Salz

1 Backofen auf 160° C (Gas: Stufe 1, Umluft: 140° C) vorheizen. Stachelbeeren waschen und trocken tupfen. Vanilleschote längs aufschneiden und das Mark herauskratzen. Quark mit Crème légère, Stärke und Vanillemark verrühren.

2 Eier mit Zucker und Salz schaumig schlagen und mit Stachelbeeren unter die Quarkmasse heben. Masse in eine Auflaufform (ca. 20 x 20 cm) füllen und im Backofen auf mittlerer Schiene ca. 40 Minuten backen. Stachelbeergratin servieren.

Flambieren!

Sollte beim Backen kein Gratinier-Vorgang entstehen, kannst du das Gratin mit einem Gasbrenner kurz flambieren.

Herbst

Warm ums Herz – im Herbst!

Ja, der Herbst markiert das Ende des Sommers. Aber wenn die Temperaturen sinken und die Tage kürzer werden, kommt es auch zurück – dieses Gefühl, sich wieder einigeln zu wollen. Tee trinken, Kuchen backen, Kochen … all das macht zu Hause noch mehr Spaß, wenn es draußen ungemütlich wird.

Zugegeben, Andi Schweiger ist nun wirklich kein Stubenhocker. „Ich bin eher der Actiontyp. Wenn ich runterkommen will, mache ich Sport", sagt er über sich. Für uns hat er sich trotzdem in aller Ruhe überlegt, woran wir im Herbst daheim Freude haben könnten. Das Ergebnis: jede Menge herbstlicher Rezeptideen, die nicht allesamt warm, aber in jedem Falle herzerwärmend sind.

Gemeinsam sind wir der stürmischsten Saison des Jahres auf den Grund gegangen und das teils im wahrsten Sinne. Rote Bete, Pilze, Ingwer, Topinambur, Knollensellerie … in Sachen Zutaten bewegen wir uns im Herbst tatsächlich oft am Boden. „Ich liebe diese raue, leicht erdige Note der Saison, mit der sich toll experimentieren lässt", so Andi.

Von seiner „Gelbe-Bete-Ingwersuppe mit Koriander" (S. 104) konnten wir schon beim Probekochen nicht genug bekommen. Und auch auf die Idee, aus einer Jakobsmuschel Sashimi zu machen und diese mit Roter Bete, Kumquat und Kapuzinerkresse an selbst gebackenen Grissini zu präsentieren (S. 95), wären wir vermutlich nicht allein gekommen. „Improvisation ist mein Beruf", erklärt der Profikoch kurz und knapp sein Talent, zusammenzubringen, was nicht gleich auf den ersten Blick zusammengehört.

Seine liebsten Herbstzutaten sind zahlreich. Dazu zählen neben Miesmuscheln, Spitzkohl und Pastinaken – wie es sich für einen Sternekoch gehört – auch Trüffel. Doch auch für den kleineren Geldbeutel hat der Herbst viel zu bieten. Drei weniger kostspielige Zutaten, die ebenso vielseitig einsetzbar sind, hat Andi hier für uns zusammengestellt:

Birnen

Jedes Jahr aufs Neue freut sich Andi über die unglaublich vielen Sorten an Birnen, die auf dem Markt und im Bio-Supermarkt gerade im Herbst zu haben sind. „Man kann geradezu auf Entdeckungstour gehen und findet immer wieder eine, von der man noch nie zuvor gehört hat", weiß der Sternekoch aus Erfahrung. Seine „Haselnusscrêpes mit Birnen" (S. 115) – einfach lecker!

Honig

Saison hat der Honig im Herbst im Grunde nicht. Schließlich ernten die Bienen hierfür ja schon die Frühjahrsblüher. „Für mich passt Honig dennoch am besten, wenn es draußen kühler wird und die Gerichte etwas süßer werden dürfen", meint Andi Schweiger. Sehen wir auch so – und freuen uns zum Beispiel auf seinen „Geflügelburger mit Spitzkohl" und honigsüßer Note (S. 107).

Kürbis

„Kürbis ist der Spargel des Herbsts", meint Andi. In der Tat geht ohne den Klassiker zu dieser Jahreszeit nichts. Wir lieben ihn nicht nur für seine tolle Farbe, sondern auch für seinen unverwechselbaren Eigengeschmack, weshalb er ohne extravagante Gewürze auskommt, zum Beispiel in einem „Kürbissüppchen mit Buttermilch" (S. 92).

Kürbissüppchen mit Buttermilch

Für 4 Personen   **Zubereitungszeit 15 Min.**   **Garzeit 25 Min.**

641 kJ | 153 kcal

1/2 Butternutkürbis (ca. 600 g)
1 Zwiebel
1/4 TL Kardamomsaat
4 TL Kürbiskerne
1 TL Olivenöl
100 ml Orangensaft
450 ml Gemüsefond
200 ml entrahmte Milch
Salz, Pfeffer
200 ml Buttermilch
2 TL Kürbiskernöl

1 Kürbis schälen, halbieren, Kerne mit einem Löffel entfernen und Kürbis in kleine Würfel schneiden. Zwiebel schälen und grob würfeln. Kardamom in einem Mörser zerstoßen. Kürbiskerne fettfrei in einer Pfanne auf mittlerer Stufe 2–3 Minuten rösten.

2 Olivenöl in einem Topf auf mittlerer Stufe erhitzen und Kürbis mit Zwiebeln darin ca. 2 Minuten andünsten. Mit Saft, Fond und Milch ablöschen, mit Salz, Pfeffer und Kardamom würzen und ca. 20 Minuten köcheln lassen.

3 Suppe pürieren, mit 100 ml Buttermilch verfeinern und mit Salz und Pfeffer abschmecken. Kürbissüppchen mit Kürbiskernen, Kürbiskernöl und restlicher Buttermilch garniert servieren.

Ausgetauscht

Die Suppe kannst du auch hervorragend mit Hokkaido- oder Muskatkürbis zubereiten.

Jakobsmuschelcarpaccio mit Grissini

Für 4 Personen   Zubereitungszeit 40 Min.   Garzeit 15 Min.   Gehzeit 60 Min.   Kühlzeit 10 Min.

1543 kJ | 369 kcal

1/4 Würfel Hefe
1 Prise Zucker
110 ml Wasser
200 g Mehl
1 unbehandelte Zitrone
2 EL Olivenöl
Salz, Pfeffer
1 Knoblauchzehe
1 Stück frischer Meerrettich
  (ca. 2 cm)
4 Kumquats
1 Handvoll Kapuzinerkresse
1 Rote Bete (ca. 200 g)
2 EL dunkler Balsamicoessig
1 TL Honig
12 Jakobsmuscheln
1 TL Fleur de Sel

1   Hefe zerbröckeln und mit Zucker in Wasser auflösen. Mehl in eine Schüssel geben, in die Mitte eine Vertiefung drücken und Hefemischung hineingießen. Mit etwas Mehl verrühren und Vorteig an einem warmen Ort zugedeckt ca. 15 Minuten gehen lassen.

2   2 TL Zitronenschale abreiben und Zitrone auspressen. 1 TL Zitronenschale, 1 EL Öl und 1 TL Salz zum Teig geben, zu einem glatten Teig verkneten und weitere ca. 30 Minuten gehen lassen. Backofen auf 200° C (Gas: Stufe 3, Umluft: 180° C) vorheizen. Teig erneut gut durchkneten, in 12 Teile teilen und jeweils zu einer dünnen Stange ausrollen. Teigstangen auf ein mit Backpapier ausgelegtes Backblech legen und weitere ca. 15 Minuten gehen lassen.

3   Knoblauch fein hacken. Meerrettich schälen. Kumquats waschen und in Scheiben schneiden. Kapuzinerkresse waschen und trocken schütteln. Rote Bete schälen, fein reiben und mit Essig, Honig, Knoblauch, Salz und Pfeffer vermischen. Grissini im Backofen auf mittlerer Stufe ca. 15 Minuten backen und ca. 10 Minuten auskühlen lassen.

4   Jakobsmuscheln abspülen, trocken tupfen, in ca. 2 mm dünne Scheiben schneiden und nebeneinander auf 4 Tellern anrichten. Mit Fleur de Sel und Pfeffer würzen und mit 2 EL Zitronensaft, restlicher Zitronenschale und restlichem Öl beträufeln. Rote Bete, Kumquats und Kapuzinerkresse daraufgeben und Meerrettich darüberreiben. Jakobsmuschelcarpaccio mit Grissini servieren.

Frisch ausgetauscht

Manchmal ist es schwierig, Jakobsmuscheln in guter Qualität zu bekommen. Bereite stattdessen ein helles Fischcarpaccio – in Sushi-Qualität – zu.

Herbstliches Currygemüse mit Kichererbsen

Für 4 Personen   **Zubereitungszeit 20 Min.**   **Garzeit 15 Min.**

963 kJ | 230 kcal

3 Petersilienwurzeln
2 Kerbelwurzeln
200 g Topinambur
1 Pastinake
1 Zwiebel
1 Dose Kichererbsen
   (265 g Abtropfgewicht)
3 TL Olivenöl
1 EL Curry
300 ml Gemüsefond
200 ml fettreduzierte Kokosmilch
Salz, Pfeffer
4 EL Granatapfelkerne

1 Petersilienwurzeln, Kerbelwurzeln, Topinambur und Pastinaken schälen und in kleine Stücke schneiden. Zwiebel schälen und würfeln. Kichererbsen abspülen und abtropfen lassen.

2 Öl in einem Topf auf mittlerer Stufe erhitzen und Zwiebeln darin 2–3 Minuten andünsten. Wurzelgemüse dazugeben und weitere 2–3 Minuten mitdünsten. Mit Curry würzen und weitere 3–4 Minuten rösten.

3 Mit Fond und Kokosmilch ablöschen und ca. 10 Minuten köcheln lassen. Kichererbsen dazugeben und ca. 5 Minuten mitgaren. Currygemüse mit Salz und Pfeffer abschmecken und mit Granatapfelkernen bestreut servieren.

Tipp
Granatapfelkerne löst du am einfachsten aus der Schale, indem du ihn halbierst und mit einem Holzlöffel auf die Schale klopfst. Vorsicht – saftig!

Shiitake-Zitronengras-Suppe mit pochiertem Ei

Für 4 Personen   **Zubereitungszeit 25 Min.**   **Garzeit 30 Min.**

1085 kJ | 259 kcal

400 g Champignons
400 g Shiitake-Pilze
2 Stängel Zitronengras
50 g Lauch
50 g Karotte
100 g Knollensellerie
1 TL Koriandersaat
2,5 Liter Wasser
120 g trockene Udon-Nudeln
Salz, Pfeffer
3 EL Weißweinessig
4 Bio-Eier (Größe M)
1/4 Bund Koriander

1 Champignons trocken abreiben und in Scheiben schneiden. Shiitake-Pilze trocken abreiben und 300 g in Stücke schneiden. Stiele von restlichen Pilzen entfernen, Pilzköpfe in Scheiben schneiden und mit 100 g Champignonscheiben beiseitestellen.

2 Zitronengras waschen und längs halbieren. Lauch waschen, Karotte und Sellerie schälen und alles in Stücke schneiden. Koriandersaat grob in einem Mörser zerstoßen.

3 Gemüsestücke mit Zitronengras, Koriandersaat, Pilzstücken und 1 Liter Wasser in einen Topf geben, auf mittlerer bis hoher Stufe aufkochen und ca. 30 Minuten köcheln lassen. Nudeln nach Packungsanweisung in Salzwasser garen und abgießen.

4 Restliches Wasser mit Essig und 1 TL Salz in einem Topf auf hoher Stufe zum Sieden bringen. Eier einzeln in eine Suppenkelle schlagen, langsam in das Wasser geben und 4–5 Minuten auf niedriger Stufe ziehen lassen. Koriander waschen, trocken schütteln und grob hacken.

5 Suppe durch ein Sieb passieren und mit Salz und Pfeffer abschmecken. Pilzscheiben auf 4 Teller verteilen und mit Sud übergießen. Shiitake-Zitronengras-Suppe mit pochiertem Ei, Udon-Nudeln und Pilzen als Einlage mit Koriander bestreut servieren.

Variation

Für mehr Abwechslung kannst du die Suppe mit jeder Pilzsorte zubereiten, die dir schmeckt. Wie wäre es mal mit Austernpilzen, Pfifferlingen und Herbsttrompeten?

Graupenrisotto mit orientalischem Ofenkürbis

Für 4 Personen　　**Zubereitungszeit 30 Min.**　　**Garzeit 30 Min.**

1822 kJ | 436 kcal

1 kleiner Hokkaidokürbis (ca. 1 kg)
1 EL Olivenöl
Salz, Pfeffer
2 TL Ras el-Hanout
200 g trockene Graupen
600 ml Gemüsefond
2 Stängel Petersilie
200 g Magermilchjoghurt
1 TL abgeriebene unbehandelte Zitronenschale
2 EL Haselnüsse

1 Backofen auf 180° C (Gas: Stufe 2, Umluft: 160° C) vorheizen. Kürbis waschen, halbieren, Kerne mit einem Löffel entfernen und Kürbis in Spalten schneiden. Kürbis mit Öl, Salz und Ras el-Hanout vermischen, auf einem mit Backpapier ausgelegten Backblech verteilen und im Backofen auf mittlerer Schiene ca. 30 Minuten backen.

2 Einen Topf auf mittlerer Stufe erhitzen, Graupen dazugeben, mit Fond aufgießen, bis die Graupen knapp bedeckt sind und auf niedriger Stufe ca. 30 Minuten garen, dabei unter Rühren regelmäßig Fond nachgießen.

3 Petersilie waschen, trocken schütteln, fein hacken und mit Joghurt, Salz, Pfeffer und Zitronenschale verrühren. Haselnüsse grob hacken und fettfrei in einer Pfanne auf mittlerer Stufe 2–3 Minuten rösten. Graupenrisotto mit Salz und Pfeffer abschmecken, mit Haselnüssen bestreuen und mit orientalischem Ofenkürbis und Joghurt servieren.

Ausgetauscht

Pistazien, Walnüsse oder Pinienkerne passen auch sehr gut zu Risotto und Kürbis.

Geschmorte Maispoularde mit Polenta

Für 4 Personen   **Zubereitungszeit 45 Min.**   **Garzeit 50 Min.**

1929 kJ | 461 kcal

3 Zwiebeln
2 Knoblauchzehen
2 Karotten
200 g Knollensellerie
4 Maispoulardenkeulen ohne
   Haut (à 165 g verzehrbarer
   Anteil)
800 ml Geflügelfond
300 g Petersilienwurzel
250 g Pfifferlinge
250 g Champignons
1 TL Olivenöl
Salz, Pfeffer
1 EL gehackte Petersilie
300 ml Pilzfond
100 ml entrahmte Milch
120 g trockene Polenta
   (Maisgrieß)
2 Tomaten
2 EL Schnittlauchringe
2 EL geriebener Grana Padano

1 Zwiebeln schälen, 1 Zwiebel in Spalten schneiden und restliche Zwiebeln fein würfeln. Knoblauch fein hacken. Karotten schälen und in Scheiben schneiden. Sellerie schälen und in Stücke schneiden. Maispoulardenkeulen trocken tupfen. Zwiebelspalten, Knoblauch, Karotten und Sellerie in einen Topf oder Bräter geben, Geflügelfond angießen, Maispoulardenkeulen daraufsetzen und auf niedriger bis mittlerer Stufe mit Deckel ca. 50 Minuten schmoren.

2 Petersilienwurzel schälen und in kleine Würfel schneiden. Pilze trocken abreiben, Pfifferlinge gegebenenfalls waschen und Pilze in Stücke schneiden. Öl in einer Pfanne auf mittlerer Stufe erhitzen und die Hälfte der Zwiebelwürfel mit Petersilienwurzeln darin ca. 5 Minuten andünsten. Pilze dazugeben, 5–6 Minuten mitgaren, mit Salz und Pfeffer abschmecken und mit Petersilie verfeinern.

3 Restliche Zwiebelwürfel fettfrei in einem Topf auf mittlerer bis hoher Stufe ca. 1 Minute andünsten und mit Pilzfond und Milch ablöschen. Polenta einrühren und nach Packungsanweisung garen. Tomaten waschen, entkernen, würfeln, mit Schnittlauch und Grana Padano unter die Polenta rühren und mit Salz und Pfeffer abschmecken. Geschmorte Maispoularde mit Polenta, Fondgemüse und Petersilienwurzel-Pilz-Pfanne servieren.

Gelbe-Bete-Ingwersuppe mit Koriander

Für 2 Personen   **Zubereitungszeit 15 Min.**   **Garzeit 20 Min.**

652 kJ | 156 kcal

200 g Gelbe Bete
1 Zwiebel
1 Stück Ingwer (ca. 2 cm)
1/2 Bund Koriander
1 TL Olivenöl
300 ml Gemüsefond
Salz, Pfeffer
1 TL Curry (Madras)
1/2 TL Kurkuma
200 ml Mandeldrink
50 ml fettreduzierte Kokosmilch
1 EL Weißweinessig

1 Gelbe Bete mit Zwiebel schälen und in kleine Würfel schneiden. Ingwer schälen und hacken. Koriander waschen, trocken schütteln und grob hacken.

2 Öl in einem Topf auf mittlerer Stufe erhitzen und Gelbe Bete mit Ingwer und Zwiebeln darin 2–3 Minuten andünsten. Mit Fond ablöschen, mit Salz, Pfeffer, Curry und Kurkuma würzen und ca. 5 Minuten köcheln lassen.

3 Mandeldrink und Kokosmilch dazugeben und 12–15 Minuten köcheln lassen. Suppe pürieren und durch ein Sieb passieren. Gelbe-Bete-Ingwersuppe mit Salz, Pfeffer und Essig abschmecken und mit Koriander bestreut servieren.

Variation

Wer keinen frischen Koriander mag, kann dieses Kraut durch Basilikum, Petersilie oder Kerbel ersetzen.

Geflügelburger mit Spitzkohl und Ei

Für 4 Personen   **Zubereitungszeit 35 Min.**   **Garzeit 90 Min.**

1787 kJ | 427 kcal

**2 Hähnchenkeulen ohne Haut
(à 165 g verzehrbarer Anteil)**
Salz, Pfeffer
1 TL Paprikapulver
250 g Spitzkohl
1 TL Honig
1 TL Sherryessig
1 Handvoll Feldsalat
1 Stück Meerrettich (ca. 1 cm)
80 g Magerquark
1 TL körniger Senf
1 EL Schnittlauchringe
1 TL Olivenöl
4 Bio-Eier (Größe M)
4 Vollkornbrötchen

1 Backofen auf 180° C (Gas: Stufe 2, Umluft: 160° C) vorheizen. Hähnchenkeulen trocken tupfen, in eine Auflaufform (ca. 20 x 20 cm) legen, mit Salz und Paprikapulver würzen und im Backofen auf mittlerer Schiene mit Alufolie bedeckt ca. 90 Minuten garen.

2 Spitzkohl putzen, den Strunk entfernen und Spitzkohl in feine Streifen schneiden. Spitzkohl mit Salz verkneten und mit Honig und Essig verfeinern. Salat waschen und trocken schleudern.

3 Für die Creme Meerrettich schälen, reiben und mit Quark, Senf, Schnittlauch, Salz und Pfeffer verrühren. Hähnchenfleisch mithilfe von 2 Gabeln zerrupfen, Knochen entfernen und Hähnchen mit Pfeffer würzen. Öl in einer Pfanne auf niedriger bis mittlerer Stufe erhitzen, Eier als Spiegeleier darin 5–8 Minuten braten und mit Salz und Pfeffer würzen.

4 Brötchen ca. 10 Minuten im Backofen mitrösten, aufschneiden und mit Creme bestreichen. Untere Brötchenhälften mit Hähnchen, Spitzkohl, Feldsalat und Spiegelei belegen und mit oberen Brötchenhälften abdecken. Geflügelburger servieren.

Was passt dazu?

Für eine leckere Beilage kannst du für 4 Personen 1 Rote Bete mit 1 Apfel raspeln und mit 1 Zwiebel in Streifen, 1 EL Olivenöl, 2 EL hellem Balsamicoessig, 1 Prise Zucker, Salz und Pfeffer vermischen. Berechne in jedem Plan 1 SmartPoints mehr pro Person.

Miesmuscheln in Weißwein mit Tomatenkompott

Für 2 Personen Zubereitungszeit 25 Min. Garzeit 35 Min.

1734 kJ | 414 kcal

1 Karotte
1 Stange Staudensellerie
2 Zwiebeln
2 Knoblauchzehen
250 g Cocktailtomaten
Salz, Pfeffer
1 TL Olivenöl
1 TL Tomatenmark
1 TL gehackter Rosmarin
1 EL dunkler Balsamicoessig
50 ml Wasser
1 Prise Zucker
1 kg Miesmuscheln
(200 g verzehrbarer Anteil)
100 g trockene Vollkorn-Linguine
200 ml trockener Weißwein
2 Wacholderbeeren
1 Lorbeerblatt

1 Karotte schälen und in kleine Stücke schneiden. Sellerie waschen und in kleine Würfel schneiden. Zwiebeln schälen und fein würfeln. Knoblauch fein hacken. Tomaten waschen, halbieren und salzen.

2 Öl in einem Topf auf mittlerer Stufe erhitzen, die Hälfte der Zwiebeln und die Hälfte des Knoblauchs darin ca. 3 Minuten andünsten. Tomaten trocken tupfen und mit Tomatenmark, Rosmarin, Essig, Wasser, Zucker und Salz zu den Zwiebeln geben. Tomaten mit Deckel ca. 30 Minuten köcheln lassen.

3 Muscheln unter fließendem Wasser gründlich reinigen und offene Muscheln entsorgen. Wasser in einem Topf aufkochen, Muscheln darin zugedeckt ca. 10 Minuten garen, bis die Muscheln geöffnet sind, dabei zwischendurch schütteln. Muschelfleisch aus der Schale lösen und nicht geöffnete Muscheln entsorgen. Nudeln nach Packungsanweisung in Salzwasser garen und abgießen.

4 Einen Topf auf hoher Stufe erhitzen, Wein, Wacholderbeeren, Lorbeerblatt, restliche Zwiebeln, restlichen Knoblauch, Sellerie und Karotten dazugeben und mit Deckel ca. 5 Minuten köcheln lassen. Lorbeerblatt und Wacholderbeeren entfernen, Miesmuscheln mit Nudeln dazugeben und mit Salz und Pfeffer abschmecken. Miesmuscheln in Weißwein mit Tomatenkompott servieren.

Asia-Seitan mit gegrilltem Lauch und Chutney

Für 4 Personen   **Zubereitungszeit 45 Min.**   **Garzeit 40 Min.**   **Kühlzeit 10 Min.**

2296 kJ | 549 kcal

1 Stück Ingwer (ca. 4 cm)
1 Stängel Zitronengras
250 g Seitan-Pulver
6 EL Sojasauce
Salz, Pfeffer
1 kleine rote Chilischote
2 Stangen Lauch
1 EL Erdnüsse
2 süßliche Äpfel (z. B. Gala)
200 g trockene gelbe Linsen
2 TL Rapsöl
1 TL Erdnussöl

1 Ingwer schälen, die Hälfte des Ingwers in Scheiben schneiden und restlichen Ingwer hacken. Zitronengras waschen und längs aufschneiden. Seitan-Pulver mit 220 ml Wasser, 3 EL Sojasauce, Salz und Pfeffer zügig verkneten, zu einem Laib formen und ca. 20 Minuten ziehen lassen.

2 Chilischote waschen, entkernen und fein würfeln. Lauch waschen und in ca. 10 cm lange Stücke schneiden. Erdnüsse hacken und fettfrei in einer Pfanne auf mittlerer Stufe 2–3 Minuten rösten. 1 Liter Wasser mit restlicher Sojasauce, Ingwerscheiben und Zitronengras auf mittlerer Stufe aufkochen, Seitanlaib hineingeben und darin ca. 30 Minuten garen.

3 Für das Chutney Äpfel vierteln, entkernen, schälen, würfeln und mit 4 EL Wasser, Chili, gehacktem Ingwer und 1 Prise Salz in einem Topf auf mittlerer Stufe mit Deckel 10–15 Minuten köcheln lassen. Linsen nach Packungsanweisung in Salzwasser garen.

4 Eine Grillpfanne auf hoher Stufe erhitzen und Lauch darin fettfrei ca. 10 Minuten rundherum grillen. Lauch in Ringe schneiden und mit Salz und Pfeffer würzen. Seitan aus dem Sud heben, ca. 10 Minuten abkühlen lassen und in dünne Scheiben schneiden.

5 Rapsöl in einer Pfanne auf hoher Stufe erhitzen, Seitanscheiben darin 2–3 Minuten von jeder Seite braten und herausnehmen. 4 EL Linsen im Bratensatz 5–6 Minuten braten. Restliche Linsen mit Erdnussöl und Erdnüssen vermischen. Asia-Seitan, gegrillten Lauch, Linsen und Chutney mit Salz und Pfeffer abschmecken und servieren.

Variation

Das Chutney lässt sich mit unterschiedlichem Obst herstellen, ganz nach deinem Geschmack. Wie wäre es mit Mango, Feigen oder Ananas?

Putenschnitzel in kerniger Kruste mit Kürbisstampf

Für 4 Personen   Zubereitungszeit 30 Min.   Garzeit 30 Min.

1613 kJ | 386 kcal

1/2 Muskatkürbis (ca. 800 g)
1 EL gehackter Rosmarin
1 EL gehackter Thymian
Salz, Pfeffer
800 g Herbsttrompeten
1 Zwiebel
4 Putenschnitzel (à 120 g)
2 EL Kürbiskerne
4 EL Paniermehl
2 Bio-Eier (Größe M)
1 EL Mehl
1 EL geklärte Butter (Ghee)
1 TL Olivenöl

1 Backofen auf 180° C (Gas: Stufe 2, Umluft: 160° C) vorheizen. Kürbis schälen, halbieren, Kerne mit einem Löffel entfernen und Kürbis würfeln. Kürbis mit Rosmarin, Thymian, Salz und Pfeffer vermischen, auf einem mit Backpapier ausgelegten Backblech verteilen und im Backofen auf mittlerer Schiene ca. 30 Minuten garen.

2 Herbsttrompeten trocken abreiben. Zwiebel schälen und würfeln. Putenschnitzel trocken tupfen und flacher klopfen. Für die Panade Kürbiskerne fein hacken und mit Paniermehl in einem tiefen Teller vermischen. Eier in einem weiteren tiefen Teller mit Salz und Pfeffer verquirlen. Mehl in einem dritten tiefen Teller verteilen.

3 Putenschnitzel zuerst in Mehl, dann in der Eimischung und danach in der Panade wenden. Butter in einer Pfanne auf mittlerer bis hoher Stufe erhitzen und Schnitzel darin ca. 4 Minuten von jeder Seite braten.

4 Öl in einer Pfanne auf hoher Stufe erhitzen, Zwiebeln mit Herbsttrompeten darin ca. 5 Minuten braten und mit Salz und Pfeffer würzen. Kürbis zerstampfen und Kürbisstampf mithilfe eines Dessertrings auf 4 Tellern anrichten. Putenschnitzel mit Kürbisstampf und Herbsttrompeten servieren.

Ausgetauscht

Herbsttrompeten sind mit Pfifferlingen verwandt. Daher kannst du auch einfach Pfifferlinge verwenden.

Haselnusscrêpes mit Birnen

Für 4 Personen   **Zubereitungszeit 25 Min.**   **Garzeit 15 Min.**

1424 kJ | 340 kcal

4 Birnen
1 TL Honig
2 EL Wasser
1 Zimtstange
30 g gemahlene Haselnüsse
200 ml entrahmte Milch
60 g Mehl
3 Bio-Eier (Größe M)
1 Päckchen Vanillezucker
1 Prise Salz
1 EL Butter

1 Birnen vierteln, entkernen, schälen und Birnen würfeln. Birnen mit Honig, Wasser und Zimtstange in einem Topf auf mittlerer Stufe ca. 5 Minuten köcheln lassen und Zimtstange entfernen. Haselnüsse fettfrei in einer Pfanne auf mittlerer Stufe 2–3 Minuten rösten.

2 Für den Teig Milch mit Mehl, Eiern, Vanillezucker, Salz und Haselnüssen verrühren. Butter portionsweise in einer Pfanne auf mittlerer Stufe erhitzen und aus dem Teig darin nacheinander 4 Crêpes backen, dabei 2–3 Minuten von jeder Seite braten. Haselnusscrêpes mit Birnen servieren.

Gewusst?

Beim Crêpes braten ist die Pfanne entscheidend. Es sollte eine beschichtete oder eine gusseiserne Pfanne in gutem Zustand sein.

Mohnkuchen mit Pflaumen

Für 12 Stücke   Zubereitungszeit 25 Min.   Garzeit 35 Min.   Kühlzeit 20 Min.

1188 kJ | 284 kcal

1/2 unbehandelte Zitrone
5 Bio-Eier (Größe M)
130 g Halbfettmargarine
100 g Zucker
1 Prise Salz
130 g gemahlene Haselnüsse
130 g gemahlener Mohn
400 g Pflaumen
200 ml Wasser
1 Zimtstange
2 Pimentkörner
1 EL Speisestärke
400 g Magerquark
2 TL Honig

1 Backofen auf 180° C (Gas: Stufe 2, Umluft: 160° C) vorheizen. Zitronenschale abreiben und Zitronenhälfte auspressen. Eier trennen. Margarine mit 50 g Zucker, 2 EL Zitronensaft und der Hälfte der Zitronenschale schaumig schlagen. Eigelb nach und nach unterrühren.

2 Eiklar mit restlichem Zucker und Salz steif schlagen. Haselnüsse mit Mohn vermischen, Zucker-Margarine-Mischung unterrühren und Eischnee unterheben. Teig in eine mit Backpapier ausgelegte Springform (Ø 26 cm) geben, im Backofen auf mittlerer Schiene 30–35 Minuten backen und ca. 20 Minuten abkühlen lassen.

3 Pflaumen waschen, halbieren, die Steine entfernen und Pflaumen vierteln. Pflaumen mit 170 ml Wasser, Zimtstange und Pimentkörnern in einem Topf auf mittlerer Stufe aufkochen. Stärke mit restlichem Wasser anrühren, dazugeben und ca. 5 Minuten köcheln lassen. Pflaumen ca. 10 Minuten abkühlen lassen. Pimentkörner und Zimtstange entfernen.

4 Für die Creme Quark mit Honig, restlichem Zitronensaft und restlicher Zitronenschale verrühren. Mohnkuchen mit Pflaumen, Quarkcreme und nach Wunsch mit Minze bestreut servieren.

Tarte Tatin mit Roggenboden

Für 8 Stücke   Zubereitungszeit 25 Min.   Garzeit 35 Min.   Kühlzeit 60 Min.

940 kJ | 225 kcal

100 g Roggenmehl Type 997
80 g Weizenmehl Type 550
120 g Halbfettmargarine
120 g Zucker
1 Prise Salz
3 süßliche Äpfel (z. B. Gala)

1 Backofen auf 180° C (Gas: Stufe 2, Umluft: 160° C) vorheizen. Für den Teig Roggenmehl mit Weizenmehl, Margarine, 50 g Zucker und Salz verkneten, zu einer Kugel formen und in Frischhaltefolie gewickelt ca. 30 Minuten kalt stellen. Äpfel vierteln, entkernen, schälen und in Spalten schneiden.

2 Eine ofenfeste Pfanne (Ø 28 cm) auf mittlerer Stufe erhitzen und restlichen Zucker darin karamellisieren. Pfanne vom Herd nehmen und Apfelspalten fächerartig auf das Karamell legen. Teig zwischen Backpapier rund (Ø 28 cm) ausrollen und auf die Apfelspalten legen.

3 Tarte im Backofen auf mittlerer Schiene ca. 35 Minuten backen und ca. 30 Minuten abkühlen lassen. Tarte Tatin stürzen und servieren.

Gewusst?
Wenn deine Margarine vegan ist, ist es auch deine gesamte Tarte.

Winter

We love Winter!

Ob der Winter liebenswert ist, mag Ansichtssache sein. Während die einen frieren, freuen sich andere über Schnee und Eis – so auch Andi Schweiger. „Winterzeit heißt für mich Snowboard-Time. Ich kann es kaum erwarten, dass der erste Schnee fällt und steige dann unverzüglich vom Motorradsattel direkt aufs Brett", berichtet er. Bewegung, Tempo, volle Fahrt voraus – das ist sein Ding. Umso dankbarer sind wir, dass er in einem Moment der Ruhe trotzdem noch so tolle Inspirationen für unsere Winterküche sammeln konnte.

Denn gerade zu dieser kühleren Zeit ist einem einmal mehr nach Gerichten, die wärmen, stärken oder den Tag versüßen. Da verbringen wir gerne noch mehr Zeit zu Hause und in der Küche. „Wenn ich im Winter schon mal daheim bleibe, dann am liebsten für die großartigen Schätze, die die kühle Jahreszeit für mich als Koch zu bieten hat", sagt Andi. Dazu gehören beispielsweise Kohlsorten wie Grünkohl, Rosenkohl oder Rotkohl. Letzterer hat in diesem Buch an „Entenbrust mit Schwarzwurzel-Kartoffel-Puffer" (S. 124) seinen Auftritt.

„Auch mit Nüssen und Hülsenfrüchten lässt sich im Winter toll experimentieren", weiß Andi aus Erfahrung. Haselnüsse zum Beispiel kommen in seiner „Quitten-Kokos-Creme mit Pumpernickel-Crumble" (S. 144) zum Einsatz. Zudem haben es ihm Wurzeln als typisches Wintergemüse angetan.

Unsere liebsten Winterwurzeln

Über ein paar Jahrzehnte hinweg ein wenig in Vergessenheit geraten, sind sie seit einiger Zeit wieder richtig „in". „Mit Wurzeln lassen sich ausgefallene Gerichte zubereiten – gesund und zugleich schmackhaft", weiß Andi. Eine Auswahl gibt's hier zum Nachlesen.

Kerbelwurzel

Geschmacklich liegt die Kerbelwurzel zwischen Pastinake und Petersilienwurzel, mit einer leicht süßlichen Note. Beim „Wintergemüsecarpaccio" (S. 131) wird sie in einer Grillpfanne auf hoher Stufe rundherum gebraten und in ca. 3 mm dünne Scheiben geschnitten. Herrlich winterlich.

Petersilienwurzel

Optisch den Pastinaken ähnlich, sind Petersilienwurzeln hingegen weniger süßlich. Der Profi nutzt sie gern für Pürees oder auch Suppen, die „Petersilienwurzelsuppe mit Wein" (S. 128) zum Beispiel.

Pastinake

Ein zeitweise vergessenes Gemüse, das heute wieder mehr Beachtung findet – mit Recht! Denn diese Wurzel, die mit der Entdeckung der Kartoffel an Bedeutung verlor, lässt sich für Gerichte aller Art einsetzen, in diesem Buch zum Beispiel im „Geflügeleintopf mit Pastinakencremebrot" (S. 132).

Entenbrust mit Schwarzwurzel-Kartoffel-Puffer

Für 2 Personen **Zubereitungszeit 30 Min.** **Garzeit 25 Min.** **Marinierzeit 30 Min.**

1908 kJ | 456 kcal

1/2 Rotkohl (ca. 300 g)
Salz, Pfeffer
1 Prise Zucker
1/2 unbehandelte Orange
2 Entenbrustfilets ohne Haut
** (à 120 g)**
200 g festkochende Kartoffeln
200 g Schwarzwurzeln
1 Bio-Eigelb (Größe M)
1 EL Mehl
1 Prise geriebene Muskatnuss
3 TL Olivenöl
1 Schalotte
2 EL dunkler Balsamicoessig
50 ml Wasser
1 TL Butter

1 Rotkohl putzen, vierteln, den Strunk entfernen und Rotkohl in feine Streifen schneiden. Rotkohlstreifen mit Salz und Zucker verkneten und ca. 10 Minuten ziehen lassen. Für die Marinade 2 TL Orangenschale abreiben und Orangenhälfte auspressen. Entenbrustfilets trocken tupfen, mit Marinade in einen Gefrierbeutel geben, gut verkneten und im Kühlschrank ca. 30 Minuten marinieren.

2 Kartoffeln und Schwarzwurzeln schälen, Kartoffeln raspeln, Schwarzwurzeln reiben, beides in ein Küchentuch geben und überschüssige Flüssigkeit ausdrücken. Masse mit Eigelb, Mehl, Salz, Pfeffer und Muskatnuss vermischen. 2 TL Öl portionsweise in einer Pfanne auf mittlerer Stufe erhitzen, aus der Kartoffelmasse darin nacheinander 6 kleine Puffer backen, dabei ca. 5 Minuten von jeder Seite braten.

3 Entenbrustfilets abtropfen lassen und Marinade dabei auffangen. Entenbrustfilets salzen. Restliches Öl in einer Pfanne auf mittlerer bis hoher Stufe erhitzen und Entenbrustfilets darin ca. 5 Minuten von jeder Seite braten. Mit Salz und Pfeffer würzen, mit Marinade ablöschen und kurz köcheln lassen.

4 Schalotte schälen und würfeln. Einen Topf auf mittlerer Stufe erhitzen und Schalotten mit Rotkohl darin ca. 2 Minuten anbraten. Mit Essig und Wasser ablöschen und ca. 5 Minuten köcheln lassen. Butter dazugeben, verrühren und mit Salz und Pfeffer abschmecken. Entenbrust in Tranchen schneiden und mit Schwarzwurzel-Kartoffel-Puffern und Rotkohl servieren.

Küchentipp

Das in Schwarzwurzeln enthaltene Nitrat kann abfärben. Trage daher beim Schälen des „Winterspargels", wie Schwarzwurzeln auch genannt werden, besser Handschuhe.

Grießknödel mit gebratenem Salat

Für 4 Personen   Zubereitungszeit 20 Min.   Garzeit 15 Min.   Kühlzeit 15 Min.

1438 kJ | 344 kcal

1 Quitte
1 Stück Ingwer (ca. 1 cm)
2 Römersalatherzen
4 Tomaten
1/2 Bund Schnittlauch
350 ml entrahmte Milch
75 g Halbfettmargarine
Salz, Pfeffer
180 g trockener Hartweizengrieß
1 Bio-Ei (Größe M)
1 TL Honig
1 TL Olivenöl
1 Ziegenfrischkäsetaler,
    45 % Fett i. Tr.

1 Quitte vierteln, entkernen, schälen und fein würfeln. Ingwer schälen und reiben. Salat waschen, trocken schleudern und Blätter einzeln abzupfen. Tomaten waschen, entkernen und würfeln. Schnittlauch waschen, trocken schütteln und in Ringe schneiden.

2 Milch mit Margarine und 1/2 TL Salz in einem Topf auf mittlerer Stufe aufkochen, Grieß unter Rühren einrieseln lassen und ca. 30 Sekunden köcheln lassen. Masse ca. 5 Minuten abkühlen lassen. Ei unterrühren und Masse ca. 10 Minuten abkühlen lassen.

3 Für das Kompott Quittenwürfel mit Ingwer und Honig in einem Topf auf mittlerer Stufe mit Deckel ca. 10 Minuten köcheln lassen. Aus der Grießmasse 12 kleine Knödel formen und in siedendem Wasser ca. 2 Minuten garen. Knödel mit einer Schaumkelle aus dem Wasser heben.

4 Öl in einer Pfanne auf mittlerer Stufe erhitzen, Salatblätter darin ca. 2 Minuten dünsten und mit Salz würzen. Tomaten mit Schnittlauch, Salz und Pfeffer verrühren und mithilfe eines Dessertrings auf Tellern anrichten. Salat daneben anrichten und Ziegenfrischkäse darüber bröseln. Grießknödel mit Salz und Pfeffer würzen und mit gebratenem Salat, Tomaten und Quittenkompott servieren.

Ausgetauscht

Die Römersalatherzen lassen sich wunderbar durch Spinat, Feldsalat oder Mangold ersetzen.

Petersilienwurzelsuppe mit Wein

Für 2 Personen   Zubereitungszeit 20 Min.   Garzeit 25 Min.

704 kJ | 168 kcal

1/2 Bund Petersilie
2 Schalotten
200 g Petersilienwurzel
1 TL Butter
80 ml trockener Weißwein
400 ml entrahmte Milch
100 ml Wasser
Salz, Pfeffer

1 Petersilie waschen, trocken schütteln und hacken. Schalotten schälen und würfeln. Petersilienwurzel schälen und in Stücke schneiden.

2 Butter in einem Topf auf mittlerer Stufe erhitzen und Schalotten darin ca. 2 Minuten andünsten. Petersilienwurzeln dazugeben, mit Wein, Milch und Wasser ablöschen, mit Salz würzen und mit Deckel ca. 20 Minuten köcheln lassen.

3 Petersilienwurzelsuppe pürieren, mit Salz und Pfeffer abschmecken und Petersilienwurzelsuppe mit Petersilie garniert servieren.

Ausgetauscht

Die Petersilienwurzel sieht der Pastinake sehr ähnlich, ist aber weniger süß im Geschmack. Wer mag, kann das Rezept mit Pastinaken ausprobieren.

Wintergemüsecarpaccio

Für 4 Personen **Zubereitungszeit 25 Min.** **Garzeit 15 Min.**

734 kJ | 175 kcal

1 Pastinake
250 g Topinambur
250 g Kerbelwurzel
Salz, Pfeffer
2 Schalotten
400 g Schwarzkohl
1 TL Olivenöl
3 getrocknete Aprikosen
1 EL getrocknete Berberitzen
1 getrocknete Feige
1 EL Weißweinessig
1 EL Traubenkernöl
2 EL Wasser

1 Pastinake, Topinambur und Kerbelwurzel schälen, in Salzwasser ca. 5 Minuten blanchieren und abgießen. Schalotten schälen und fein würfeln. Schwarzkohl waschen, trocken schleudern, die Stiele herausschneiden und Schwarzkohlblätter in Stücke schneiden.

2 Eine Grillpfanne auf hoher Stufe erhitzen, Wurzelgemüse darin 8–10 Minuten rundherum grillen, herausnehmen und jeweils in ca. 3 mm dünne Scheiben schneiden.

3 Olivenöl in einer Pfanne auf mittlerer Stufe erhitzen und Schalotten darin 2–3 Minuten andünsten. Schwarzkohl dazugeben und mit Deckel ca. 10 Minuten dünsten.

4 Für die Vinaigrette Aprikosen, Berberitzen und Feige in feine Würfel schneiden und mit Essig, Traubenkernöl, Wasser, Salz und Pfeffer verrühren. Wurzelgemüsescheiben abwechselnd fächerartig auf 4 Teller verteilen, Vinaigrette darauf verteilen und Schwarzkohl daraufgeben. Wintergemüsecarpaccio servieren.

Mehr Geschmack, tolle Optik

Für eine noch schönere Optik kannst du das Carpaccio zusätzlich mit Roter und Gelber Bete zubereiten.

Geflügeleintopf mit Pastinakencremebrot

Für 4 Personen   **Zubereitungszeit 30 Min.**   **Garzeit 35 Min.**

1987 kJ | 475 kcal

250 g Weißkohl
250 g festkochende Kartoffeln
1 Zwiebel
1 süßlicher Apfel (z. B. Gala)
4 Hähnchenkeulen ohne Haut
   (à 165 g verzehrbarer Anteil)
1 TL Olivenöl
1,2 Liter Gemüsefond
Salz, Pfeffer
300 g Rosenkohl
2 Karotten
2 Pastinaken
1 Stück Meerrettich (ca. 2 cm)
100 g Magerquark
4 EL gehackte Petersilie
1 TL abgeriebene unbehandelte
   Orangenschale
2 Scheiben Vollkornbrot
2 EL gehackter Kerbel

1 Weißkohl putzen, vierteln, den Strunk entfernen und Weißkohl in feine Streifen schneiden. Kartoffeln schälen und würfeln. Zwiebel schälen und in Streifen schneiden. Apfel vierteln, entkernen, schälen und würfeln. Hähnchenkeulen trocken tupfen.

2 Öl in einem großen Topf auf mittlerer Stufe erhitzen und Zwiebeln, Weißkohl, Kartoffeln und Apfel darin ca. 2 Minuten andünsten. Hähnchenkeulen dazugeben, mit 1,1 Liter Fond ablöschen, mit Salz würzen und mit Deckel ca. 15 Minuten köcheln lassen.

3 Rosenkohl putzen, Stielansatz kreuzweise einschneiden und Rosenkohl halbieren. Karotten schälen und in Scheiben schneiden. Rosenkohl und Karotten zum Eintopf geben und mit Deckel weitere ca. 15 Minuten garen.

4 Pastinaken schälen und fein würfeln. Meerrettich schälen und reiben. Pastinaken mit restlichem Fond in einem Topf auf mittlerer Stufe erhitzen und ca. 15 Minuten köcheln lassen. Pastinaken pürieren, mit Quark, Meerrettich, Petersilie und Orangenschale verrühren und mit Salz und Pfeffer abschmecken.

5 Brot rösten, halbieren, mit Pastinakencreme bestreichen und mit Kerbel bestreuen. Geflügeleintopf mit Salz und Pfeffer abschmecken und mit Pastinakencremebrot servieren.

Feldsalat mit Kartoffeldressing

Für 4 Personen   Zubereitungszeit 25 Min.   Garzeit 15 Min.   Kühlzeit 10 Min.

626 kJ | 150 kcal

1 Stange Lauch
200 g mehligkochende Kartoffeln
250 ml Gemüsefond
1 TL scharfer Senf
1 EL heller Balsamicoessig
2 TL Sonnenblumenöl
Salz, Pfeffer
400 g Champignons
100 g Physalis
1 EL Sonnenblumenkerne
1 EL Kürbiskerne
200 g Feldsalat

1 Lauch waschen und in feine Ringe schneiden. Kartoffeln schälen und fein würfeln. Für das Dressing Kartoffeln und die Hälfte des Lauchs mit Fond in einem Topf auf mittlerer Stufe erhitzen und ca. 10 Minuten köcheln lassen. Senf, Essig, 1 TL Öl und Salz dazugeben, fein pürieren und ca. 10 Minuten abkühlen lassen.

2 Champignons trocken abreiben und in dünne Scheiben hobeln. Physalis waschen, trocken tupfen und halbieren. Sonnenblumenkerne mit Kürbiskernen fettfrei in einer Pfanne auf mittlerer Stufe 2–3 Minuten rösten. Salat waschen und trocken schleudern.

3 Restliches Öl in einer Pfanne auf mittlerer bis hoher Stufe erhitzen, restlichen Lauch darin ca. 2 Minuten andünsten, Physalis dazugeben, ca. 2 Minuten mitdünsten und mit Salz und Pfeffer würzen.

4 Feldsalat mit Kartoffeldressing vermischen, Champignons und Physalis-Lauch-Mischung daraufgeben und mit Kernen bestreuen. Feldsalat servieren.

Ausgetauscht

Wenn Pfifferlinge Saison haben, kannst du diese anbraten und statt der Champignons zum Salat zufügen.

Kotelett
mit getrüffeltem Chicorée

Für 2 Personen   **Zubereitungszeit 30 Min.**   **Garzeit 20 Min.**

1885 kJ | 451 kcal

1 Schalotte
220 g Süßkartoffeln
2 Karotten
1 unbehandelte Orange
50 ml Gemüsefond
50 ml fettarme Milch
Salz, Pfeffer
1 TL gehackter Thymian
1 Msp. geriebene Muskatnuss
1 Msp. Zimt
2 Chicorée
1 TL Trüffelöl
2 Schweinekoteletts (à 130 g)
1 TL Rapsöl

1 Backofen auf 180° C (Gas: Stufe 2, Umluft: 160° C) vorheizen. Schalotte schälen und fein würfeln. Süßkartoffeln mit Karotten schälen und würfeln. 1 TL Orangenschale abreiben und Orange filetieren, dabei 2 EL Saft auffangen.

2 Einen Topf auf mittlerer Stufe erhitzen und Zwiebeln, Süßkartoffeln und Karotten darin ca. 2 Minuten andünsten. Mit Fond und Milch ablöschen und ca. 15 Minuten köcheln lassen. Gemüse grob zerstampfen, mit Salz und Pfeffer würzen und mit Thymian, Muskatnuss und Zimt verfeinern.

3 Chicorée waschen, längs halbieren und auf ein mit Backpapier ausgelegtes Backblech legen. Mit Salz und Pfeffer würzen, mit Trüffelöl und Orangensaft bepinseln und mit Orangenschale verfeinern. Chicorée im Backofen auf mittlerer Schiene ca. 20 Minuten backen.

4 Koteletts abspülen und trocken tupfen. Rapsöl in einer Grillpfanne auf mittlerer bis hoher Stufe erhitzen, Koteletts darin 3–4 Minuten von jeder Seite braten und mit Salz und Pfeffer würzen. Koteletts mit getrüffeltem Chicorée, Orangenfilets und Süßkartoffelstampf anrichten, nach Wunsch frische Trüffel darüberreiben und servieren.

Aufgepasst!
Viele Trüffelöle werden synthetisch hergestellt. Achte beim Kauf auf echtes Trüffelöl ohne zugesetztes Aroma.

Pulled-Pork-Sandwiches mit Coleslaw

Für 4 Personen   Zubereitungszeit 40 Min.   Garzeit 1 Std. 40 Min.   Marinierzeit 15 Min.

1967 kJ | 470 kcal

1 rote Chilischote
250 g Schweineschulter
3 TL Olivenöl
150 g stückige Tomaten
   (Konserve)
70 ml Gemüsefond
1/4 Rotkohl
1/4 Weißkohl
Salz, Pfeffer
1 süßlicher Apfel (z. B. Gala)
3 EL Apfelessig
1 Zwiebel
4 Gewürzgurken
200 g Endiviensalat
4 Baguettebrötchen (à 85 g)

1 Chilischote waschen, entkernen und in Ringe schneiden. Schweineschulter trocken tupfen. 1 TL Öl in einem Topf auf mittlerer Stufe erhitzen und Schweineschulter darin 3-4 Minuten von jeder Seite anbraten. Mit Tomaten und Fond ablöschen, Chili dazugeben, aufkochen und auf niedriger Stufe mit Deckel ca. 90 Minuten köcheln lassen, bis die Sauce eindickt.

2 Rot- und Weißkohl putzen, vierteln, den Strunk entfernen und Kohl in feine Streifen schneiden. Kohl salzen, gut verkneten, ca. 15 Minuten ziehen lassen und überschüssige Flüssigkeit gut ausdrücken. Apfel waschen, vierteln, entkernen, raspeln, mit Kohl mischen, mit 1 EL Essig verfeinern und mit Salz und Pfeffer abschmecken.

3 Zwiebel schälen, in Ringe schneiden, mit 1 EL Essig mischen und ca. 10 Minuten ziehen lassen. Gewürzgurken schräg in Scheiben schneiden. Salat waschen, trocken schleudern und in mundgerechte Stücke zerteilen. Für das Dressing restliches Öl, restlichen Essig, Salz und Pfeffer verrühren und mit Salat vermischen.

4 Schweinefleisch herausnehmen, mithilfe von 2 Gabeln das Fleisch zerrupfen, zurück in den Topf geben und kräftig mit Salz und Pfeffer würzen. Brötchen rösten, aufschneiden, aber nicht durchschneiden und mit Pulled Pork, Coleslaw, Gurken und Zwiebeln belegen. Pulled-Pork-Sandwiches mit Endiviensalat und restlichem Coleslaw dazu servieren.

Grünkohlrisotto mit Birne und Bacon

Für 4 Personen **Zubereitungszeit 30 Min.** **Garzeit 45 Min.**

1585 kJ | 379 kcal

1 Zwiebel
250 g Grünkohl
1 Knoblauchzehe
2 TL Butter
200 g trockener Naturreis
80 ml trockener Weißwein
500 ml Gemüsefond
1 Birne
4 Scheiben Bacon
3 EL geriebener Parmesan
Salz, Pfeffer
2 EL gehackte Petersilie

1 Zwiebel schälen und fein würfeln. Grünkohl waschen, trocken schleudern und hacken. Knoblauch fein hacken. 1 TL Butter in einem großen Topf auf mittlerer Stufe erhitzen und Zwiebeln mit Knoblauch darin ca. 2 Minuten andünsten.

2 Grünkohl und Reis dazugeben, ca. 2 Minuten mitdünsten, mit etwas Wein und Fond ablöschen, bis die Reiskörner knapp bedeckt sind und auf niedriger bis mittlerer Stufe mit Deckel ca. 40 Minuten köcheln lassen, dabei regelmäßig Fond und Wein nachgießen.

3 Birne waschen, vierteln, entkernen und fein würfeln. Bacon halbieren und längs in Streifen schneiden. Eine Pfanne auf mittlerer Stufe erhitzen, Bacon darin 3–4 Minuten braten, Birnen dazugeben, ca. 2 Minuten mitbraten und unter das Risotto heben. Mit Parmesan und restlicher Butter verfeinern und mit Salz und Pfeffer abschmecken. Grünkohlrisotto mit Petersilie bestreuen und servieren.

Salbei-Crème-Brûlée

Für 8 Personen   **Zubereitungszeit 10 Min.**   **Garzeit 75 Min.**   **Kühlzeit 60 Min.**

466 kJ | 111 kcal

1 Stängel Salbei
500 ml fettarme Milch
2 EL Agavendicksaft
3 Bio-Eigelb (Größe M)
2 Bio-Eier (Größe M)
40 g Zucker

1 Backofen auf 110° C (Gas: Stufe 1, Umluft: 100° C) vorheizen. Salbei waschen, trocken schütteln und Blätter abzupfen. Milch mit Agavendicksaft in einem Topf auf mittlerer Stufe erwärmen, Salbei hineingeben, ca. 10 Minuten ziehen lassen und Salbei entfernen.

2 Eigelb mit Eiern verrühren und Milchmischung unterrühren. Masse in 8 ofenfeste Förmchen (Ø ca. 10 cm) füllen, im Backofen auf mittlerer Schiene ca. 60 Minuten garen und ca. 60 Minuten abkühlen lassen.

3 Crème Brûlée mit Zucker bestreuen und mit einem Küchengasbrenner knusprig karamellisieren. Salbei-Crème-Brûlée servieren.

Quitten-Kokos-Creme mit Pumpernickelcrumble

Für 6 Personen   Zubereitungszeit 20 Min.   Garzeit 30 Min.   Kühlzeit 45 Min.

1098 kJ | 262 kcal

6 Quitten
40 g Zucker
50 ml Wasser
100 ml fettreduzierte Kokosmilch
160 ml fettarme Milch
1 TL Agar Agar
2 Scheiben Pumpernickel
30 g Halbfettmargarine
1 TL Honig
1 Prise Salz
2 EL Kakaopulver
70 g gemahlene Haselnüsse

1 Quitten vierteln, entkernen, schälen und fein würfeln. Quitten mit 10 g Zucker und Wasser in einem Topf auf mittlerer Stufe aufkochen und mit Deckel ca. 20 Minuten köcheln lassen. Quittenkompott ca. 30 Minuten kalt stellen.

2 Kokosmilch mit Milch und Agar Agar in einem Topf auf mittlerer Stufe ca. 2 Minuten aufkochen und ca. 20 Minuten kalt stellen. Backofen auf 180° C (Gas: Stufe 2, Umluft: 160° C) vorheizen.

3 Pumpernickel zerbröseln und mit Margarine, restlichem Zucker, Honig, Salz, Kakaopulver und Haselnüssen zu Streuseln verkneten. Streusel auf einem mit Backpapier ausgelegten Backblech verteilen, im Backofen auf mittlerer Schiene ca. 20 Minuten backen und ca. 20 Minuten abkühlen lassen.

4 Quittenkompott mit Milchmischung pürieren, auf 6 Gläser (Inhalt ca. 180 ml) verteilen und weitere ca. 15 Minuten kalt stellen. Pumpernickelcrumble auf der Creme verteilen und Quitten-Kokos-Creme servieren.

SmartPoints Register grüner Plan

SmartPoints Register blauer Plan

SmartPoints Register lila Plan

Register nach Zutaten

Register nach Zutaten

Sandra, -22 kg

Genussvoll abnehmen mit WW!

Mit WW erreichst du dein Abnahme-Ziel schnell, einfach und langfristig und kannst dabei weiterhin alles essen und genießen, was du liebst.

Impressum

Redaktion
WW Deutschland
Claudia Braun, Amelie Epping

Rezepte
Andi Schweiger

Realisierung
Food Professionals Köhnen GmbH, Sprockhövel
Silke Höpker, Nathalie Kirsch, Dennis Webers

Rezeptfotografie & Foodstyling
Hubertus Schüler, Stefan Mungenast, Bochum

Texte
herzundseele, Die PR Manufaktur, Düsseldorf
Tina Sedlmeier

Bildnachweise
Nick Wolff, Videographer & Photographer,
Düsseldorf

Gestaltungskonzept & Grafik
Niehaus Knüwer and friends GmbH Werbeagentur,
Düsseldorf
Food Professionals Köhnen GmbH, Sprockhövel

Druck
paffrath print & medien GmbH, Remscheid

WW (Deutschland) GmbH
www.ww.com
Info-Hotline 0211 - 3805 3813
ISBN: 978-3-9820647-4-1

WW (Switzerland) S.A.
www.ww.com
Info-Tel.: 0848 - 188 188 (nationaler Tarif)
Bestell-Nr. SKU 402047, Artikel Nr. N198

Wir freuen uns auf deine Bewertung dieses
Kochbuchs unter: weightwatchers-shop.de

Danke...

...an meine Frau Franzi, die immer an meiner Seite ist und mich tatkräftig unterstützt, an mein Management Bigger Fish, die immer alle Fäden in der Hand halten und natürlich Danke an die Familie, die immer da ist und im Hintergrund unseren Garten pflegt!

Danke an alle unsere Schweiger² Mitarbeiter für ihre tolle Arbeit, ohne euch ist das alles nicht möglich.

Ein riesen Dankeschön an mein WW Team, das mich mit offenen Armen aufgenommen hat. Es macht so einen großen Spaß, mit euch zu arbeiten und ich freue mich auf alles, das kommt!

Jetzt noch einen großen Dank an alle Fans, die mich schon so lange begleiten!

Infos zu meiner Kochschule und meinem Shop findet ihr unter
www.schweiger2-kochschule.de und www.andi-schweiger-shop.de.